DES SOURCES

DE

L'OPINION PUBLIQUE

DANS L'EUROPE MODERNE.

DES SOURCES

DE

L'OPINION PUBLIQUE

DANS L'EUROPE MODERNE,

PAR

Par M. le Baron D'ECKSTEIN.

PARIS,

CHARLES DOUNIOL, LIBRAIRE-ÉDITEUR,

RUE DE TOURNON, 29.

1856

DES SOURCES

DE

L'OPINION PUBLIQUE

DANS L'EUROPE MODERNE [1].

I.

DU FOYER DE L'OPINION DANS L'EUROPE CENTRALE.

Ce qui distingue les races européennes d'avec la plupart des peuples du reste du globe, c'est le mouvement de l'Opinion. Tout-puissant chez elles, il est radicalement nul chez la plupart des peuples de l'Asie, sur lesquels la religion a agi seule, comme chez les Hébreux et les Arabes. Non-seulement l'action de l'esprit public fondé sur l'autonomie des peuples, mais aussi tout mouvement de philosophie et d'école furent radicalement nuls en Orient, à part l'influence qu'ils ont pu exercer sur des modifications dans les croyances.

[1] « En parlant de l'Europe moderne, je laisse ici de côté les peuples slaves et
» la Grande-Bretagne ; les peuples slaves qui n'ont pas encore développé des
» classes moyennes, et chez lesquels les classes aristocratiques touchent immé-
» diatement et sans transition à la masse des pasteurs et des laboureurs. Les
» marchands eux-mêmes, quoiqu'il en existe des plus riches par le commerce
» de la Perse, de la Chine et de l'Inde, ne s'y distinguent pas encore suffisam-
» ment par le courant de leurs idées. Ils sortent non-seulement des tribus popu-
» laires, mais ils leur restent encore trop souvent attachés par le servage aussi
» bien que par les liens de la communauté. Quant à la Grande-Bretagne, la force
» de l'Opinion n'est autre chose chez elle que celle de l'esprit public d'un peuple
» qui se gouverne lui-même, et ignore le contraste entre le système de l'État et
» celui des citoyens, opposition tranchée qui fait le fond de tous les établisse-
» ments politiques de la majeure partie des corps de nations dans l'Eur[ope con]-
» tinentale. »

Cette puissance de l'esprit humain sur les destinées des peuples s'observe au contraire chez les Grecs et les Romains jusqu'à l'extinction de tout esprit de famille et de tout esprit de cité, à la suite de la ruine irrémédiable de leur foi religieuse et sociale. Elle s'observe avec une bien plus grande énergie encore chez les peuples de l'Europe moderne. L'esprit de famille et l'esprit de cité ont pu y être frappés de coups terribles, mais ils ne sauraient jamais s'anéantir comme dans le monde antique, et cela en vertu des lumières que le christianisme a portées dans le cœur et l'esprit même de ceux qui lui sont les plus rebelles. Nous ne vivons plus sur un fond de civilisation irrévocablement pourri. Le christianisme a pu convertir l'antiquité à des mœurs de famille ; il n'a pu relever chez elle les mœurs de la cité ; mais heureusement nous ne nous trouvons pas dans le même cas. Des peuples neufs, qui passèrent de la barbarie à la religion de vérité (et non pas du sein de la corruption comme les Grecs et les Romains) ont légué quelque chose de leur esprit à l'Europe actuelle. Les institutions de la vieille autonomie des races européennes modernes ont pu plus ou moins s'effacer, les instincts sont devenus impérissables. Ils survivent même à la Révolution et à l'Empire, qui eurent pour dernier mot la séparation radicale de l'État et de l'ordre social, l'un machine de gouvernement, l'autre agrégation d'intérêts individuels.

L'Opinion publique roule dans l'Europe centrale et continentale sur deux grands corps de peuples, la France et l'Allemagne. La France régit l'Opinion des peuples de souche latine, en Italie, en Espagne, en Portugal, et elle étend cette influence au loin, jusqu'au sein des populations moldaves et valaques, qui parlent un idiome latin, comme dans toutes les colonies espagnoles et portugaises du Nouveau-Monde. L'Allemagne agit par sa pensée sur tout le nord scandinave, sur la Hollande, la Suisse allemande et même sur une portion flamande de la Belgique. Comme la langue révèle le génie du peuple qui la parle, faut-il s'étonner de cette sympathie d'idées chez des peuples parents par leurs idiomes, de cet ascendant d'un astre prédominant sur les satellites qu'il entraîne dans sa course ?

Le foyer de l'Opinion ayant été ainsi constaté dans l'Europe centrale, j'aurai à reconnaître les rayons dont il se compose et les fractions de son rayonnement.

II.

DE CE QUI FORME LE CARACTÈRE DE L'OPINION.

La première question qui tombe sous les yeux porte à nous rendre un compte sévère de l'Opinion en elle-même. Qu'est-ce que l'Opinion, comme puissance intellectuelle, comme force sociale et comme manifestation de l'esprit humain ? Gardons-nous de la confondre avec l'esprit public d'un peuple. Il s'agit de bien distinguer ces deux choses, d'apprendre avec soin comment et sous quelles conditions l'Opinion a pu se former dans l'absence de ce qu'on nomme esprit public, et comment elle le remplace et joue son rôle dans les deux contrées où elle a son centre.

Qui dit *Opinion* exprime quelque chose d'essentiellement mobile. On le sent aussitôt : l'Opinion n'est pas une boussole. Elle contraste avec la foi absolue à une pensée et à un sentiment. La foi ne se contente pas de l'idée pure, elle ne se borne point à la spéculation et à la parole ; elle agit. Elle est constante sans demeurer immobile. Le même homme peut parfaitement concilier les deux choses : le mouvement et la constance dans la foi, la fermeté d'esprit et l'agitation de ses pensées et de ses sentiments. Les pensées et les sentiments se combinent nécessairement avec les impressions qui nous viennent du dehors et qui réagissent sur le dedans ; ils tombent nécessairement sous le coup des rayons d'un soleil qui, dans l'âme humaine, vivifie nos ombres et en fait ressortir les profondeurs dans le contraste de ses lumières. Le même paysage diffère aux différentes époques du jour comme dans les diverses saisons de l'année. Il en est de même de tout ce que nous sentons, pensons et éprouvons. Voilà pourquoi nous ne pouvons pas nous contenter de toutes ces agitations ; voilà pourquoi il nous faut autre chose encore que la force de l'Opinion ; voilà pourquoi il nous faut une force morale, la seule qui puisse donner de la valeur et de la dignité aux idées qui nous passent par la tête, aux orages des sentiments qui s'accumulent dans notre cœur.

Donc le même homme peut rester constant et paraître mobile sans forfaire à sa dignité et sans vraiment se contredire. Mais il faut pour cela qu'il ait une foi, une conviction qui lui donnent une force de volonté, un caractère. Il ne faut pas qu'il soit le jouet de ses impressions, dans le courant des œuvres de la vie privée et de la vie publique. Si les croyances lui manquent, si la conscience est faible, la conviction nulle, ses idées les plus sensées, ses sentiments les plus honnêtes ne le garantiront d'aucune chute ; ils se détacheront par tout courant qui emportera leurs rives. Sa foi religieuse fléchissant, il perd l'autre monde ; sa foi politique faiblissant, il perd sa patrie, son honneur domestique, sa dignité de citoyen. Qu'au contraire sa foi ne lui fasse pas défaut, ses opinions qui muent en leurs saisons, ses sentiments qui se modifient dans le cours de l'existence ne lui font rien perdre de sa grandeur réelle. Il ressemble au navire qui quitte le port pour entreprendre une navigation lointaine et domine le flot mobile par la sagesse de sa direction. Chaque onde le mène au but, cédant à son ascendant, en dépit des vents et du courroux de la mer. Cet élément mobile sur lequel il s'engage lui sert d'appui, et l'engloutirait infailliblement s'il n'avait ni pilote ni boussole.

L'Opinion à elle seule constitue ainsi le mouvement, mais un mouvement perpétuel qui indique la présence d'un gouffre. Si l'esprit public n'est pas là, si le pilote ne le sonde pas avec le plomb, pour éprouver les courants contraires qui se jouent à une certaine profondeur et non pas seulement à la surface, gare à la société ainsi abandonnée à toutes les fluctuations de son cœur et à toutes les incertitudes de son intelligence !

Voyons maintenant ce qui en serait dans le cas contraire, où il n'y aurait chez un grand peuple aucune sorte de mouvement intellectuel, où les sentiments n'éprouveraient aucun besoin qui les portât à l'action et à la réflexion. Un tel peuple aurait beau subir des révolutions sans fin ; il ne bougerait pas dans le courant des âges, malgré les tempêtes qui viendraient l'assaillir du dehors, en dépit des catastrophes de trône qui le bouleverseraient au dedans. Comme l'huître il resterait cloué à son rocher, à l'instar de l'Egypte sous l'empire de sa théocratie et la domination de ses Pharaons, ou comme la Chine sous l'administration de son mandarinat. C'est l'idéal d'un peuple *noué*, comme celui des missions du Paraguay [1]. Admire qui pourra de pareilles destinées purement végétatives ! Les peuples sans mouvement sont des hiéroglyphes, ils intéressent la curiosité de ceux qui les déchiffrent. Il n'y a pas de caractère dans le granit qui ne se soutient que par sa masse seule, et pour qu'une statue ait du prix, il faut qu'elle ait été embrasée par un Pygmalion.

A l'extrème opposé des gouvernements théocratiques et despotiques qui se conservent pétrifiés et sans souffle, il y a les gouvernements radicaux, ou démocratiques absolus, chez lesquels le mouvement est perpétuel, le caractère nul et la dignité absente. Telle fut la cité d'Athènes dans l'époque qui courut de Périclès au roi Philippe ; telles ont été, telles seraient encore au besoin ces prétendues républiques dont Jean-Jacques Rousseau a fourni le type et la révolution française l'exemple. On y tourne sans cesse, mais sans aboutir jamais, et l'on parvient ainsi également, par une tout autre voie, aux résultats de l'immobilité. Le mouvement perpétuel est sans pro-

---

[1] Nous n'entendons pas nier les bienfaits des missions du Paraguay ; nous protestons seulement contre l'idéal d'un peuple civilisé à la façon d'un peuple sauvage, nous protestons contre l'idéal d'un peuple sans initiative d'esprit et de volonté comme le peuple régi par la volonté absolue du docteur Francia.

gression aucune. Tout y reste sans but ; anarchie de pensées et de sentiments qui n'est autre chose que le néant même.

Le vrai progrès existe donc dans une heureuse combinaison de l'*Opinion* qui meut et de la *conviction* qui fonde. La combinaison de ces deux éléments se rencontre chez ces peuples seuls qui ont un *esprit public*, parce qu'ils sont en *possession d'eux-mêmes*. Qui est le sujet d'un autre est la chose d'un autre ; or, l'homme ne doit être que le sujet de Dieu qui l'a créé libre. Ce n'est pas toutefois pour qu'il se soumette *forcément* à son empire, mais pour qu'il s'y soumette *librement*, en créature sensée et raisonnable, adorant Dieu et se respectant soi-même. Quiconque n'a pas et ne peut pas avoir le respect de soi est un être sans dignité, et un être sans dignité n'est pas un être libre.

Il ne faut pas s'y tromper : la cause de toutes les déceptions de l'Europe continentale est là, et uniquement là. L'Europe continentale est en pleine démocratie radicale par le mouvement de l'Opinion, et en pleine impuissance de constituer cette démocratie, car une *foule* ne se constitue pas. L'esprit public et politique lui faisant radicalement défaut, il y a absence de tout caractère dans son sein. S'il y a progrès, ce progrès purement scientifique est en dehors de la force de l'Opinion, n'aboutit qu'à la richesse et ne se manifeste que par l'industrie. Le *bien-être* est forcément son idéal, bien-être qui n'est pas le *bien-vivre*. Il s'achète aux dépens de toute vertu privée et de toute vertu publique. Son but est le bonheur physique, le plaisir, la jouissance, tout ce qui rejette l'homme loin de toute grandeur sociale, de toute pureté domestique, de toute force intellectuelle. Dans cet ordre soi-disant progressif, l'inventeur d'une machine est bien plus haut placé que tous les héros, que tous les saints, que tous les martyrs, cela va sans dire ; mais il est aussi bien plus haut placé que tous les vrais patriotes, que tous les grands citoyens, que tous les hommes dévoués à une mission sociale, animés de l'amour du bien public. Évidemment le but de la société est ici entièrement dépassé, et l'*Opinion* elle-même se trouve implicitement *anéantie*. Le règne des idées et des sentiments a pris fin, le règne des *appétits* commence.

Comment et par quelle cause cette force d'une opinion toute-puissante, qui a opéré les explosions gigantesques de la révolution française, a-t-elle pu tourner ainsi à la destruction radicale de son principe même? Comment a-t-elle pu aboutir au règne exclusif des intérêts d'un bien-être purement matériel, dont les sciences physiques et l'administration sont les seuls leviers? Voilà ce qu'il importe d'examiner et de connaître.

III.

D'OU NAIT LA PUISSANCE DE L'OPINION CHEZ LES PEUPLES QUI ONT PERDU LEUR ESPRIT PUBLIC.

C'est de la fin de Louis XIV que l'on peut dater le véritable règne de l'Opinion dans une partie de l'Europe ; c'est de l'époque actuelle, où commence la domination de l'industrialisme, que l'on peut dater son éclipse. Émanée de la cour du grand roi pour aboutir à un club de jacobins, cette puissance de l'Opinion avait fini par dissoudre dans son sein l'esprit des peuples, remplaçant l'esprit national par un esprit européen et la politique par le cosmopolitisme. Aujourd'hui les nations renaissent sans nationalité et par l'unique mouvement des intérêts, ou par le génie de l'industrie. Double phénomène, qui demande une explication à cause de ses contradictions mêmes.

Voici maintenant le vrai problème. La révolution française, la plus vaste explosion de l'Opinion qui fut jamais dans le monde, après avoir enfanté son idéal, la démocratie souveraine, radicale, absolue, s'est vue aussitôt dépouillée de son sceptre et de sa couronne. Le système de l'empire napoléonien est parvenu à la résumer et à l'abolir tout ensemble. Il en a fait le piédestal de sa grandeur, de sa toute-puissance administrative, et il l'a annulée en la réalisant de la seule manière possible. C'est ainsi que l'individualisme a détrôné la foule, qui est le produit de l'individualisme.

L'Opinion de cour, qui fut celle de l'ancien régime, créa l'empire de la mode dans les capitales de l'Europe du xviie siècle. L'Opinion de ville se forma ensuite, c'est-à-dire celle des salons du xviiie siècle, d'où sortit la pensée des *hommes comme il faut*, des *honnêtes gens*, des *gens éclairés* à la façon de Voltaire et des encyclopédistes. On sait comment elle versa dans la démocratie bourgeoise sous le feu des théories de Rousseau, comment elle devint populacière et ochlocratique sous l'empire de la Terreur, rigidement scientifique par les coryphées de l'Institut du temps du Directoire, et comment elle se cristallisa sous l'administration de l'Empire, où elle eut son terme. Mais ce ne fut encore là qu'une illusion. En effet, si l'autocratie militaire éleva une muraille d'acier devant la force de l'Opinion, ce ne fut que sous des conditions propres à l'Europe moderne, et dont elle ne pouvait changer arbitrairement la base. Il fallut de toute force que le système de guerre se conciliât avec le système de l'administration qui poussait aux triomphes de l'industrialisme, naturellement contraire aux jeux prolongés de Mars et de Bellone. Il y eut donc constamment, au fond de cette situation, un principe d'*anarchie latente*, qui aurait toujours empêché d'y trouver la vraie solution des grandes difficultés européennes.

Il s'agit de nous rendre compte d'un double phénomène. Nous rencontrons d'abord l'anéantissement radical de toute *autonomie* dans la société, l'anéantissement de ce que les Anglais appellent le *self government*. Plus de peuple debout, de peuple qui, par suite de sa forte constitution sociale, soit maître de ses actions, de ses pensées, de ses destinées. La force ascendante de l'Opinion se substitue à l'esprit public et force l'État à capitulation. Tel est le phénomène en grand, voici le sous-phénomène.

Le mécanisme de l'État administratif et radical attire à lui toutes les forces de la société, en joue le rôle et en prend le rang. Il a radicalement annulé l'action de la société sur elle-même et borné son activité à la sphère des intérêts privés, la renfermant dans la pure individualité de tous ses membres, sans admission d'aucune sorte de force collective. Il faut que la toute-puissance de l'État puisse broyer l'activité libre là où elle se rencontre, quoique le développement de l'industrie privée sur la plus vaste échelle importe à la nécessité de ce système. Pour que le système puisse se maintenir toutefois en face d'une anarchie dangereusement enfouie dans les entrailles de la société même, il lui faut la garantie d'une armée puissante, instrument formidable entre les mains de l'autocratie et qui semble la forcer à la guerre. Mais la guerre est peu compatible avec l'industrialisme, qui seul donne des ressources financières; car, si l'industrialisme est jaloux et national par les intérêts, il n'en est pas moins cosmopolite par la grandeur des affaires. Tel est l'état des choses; reste à en chercher les éléments dans l'esprit des hommes.

Pour nous rendre compte de l'état *moral* que cette situation implique, il est bon de se replier un moment vers le passé de l'espèce humaine. Il s'agit d'y trouver des analogies et non pas des identités.

Les démocraties de l'antiquité peuvent nous servir d'exemple. Elles ont également fini par perdre leur autonomie, elles ont également vu l'État s'abstraire de la société pour l'écraser sous son empire; il est vrai, sans les conditions de la société actuelle et sans les ressources de l'industrialisme. Athènes et d'autres cités de la Grèce ont fini par l'ochlocratie ou le gouvernement de la foule, qui les a livrées à l'autorité des grands démagogues, hommes superbes qui passèrent à Philippe quand ils ne purent s'emparer de la tyrannie pour leur propre compte. A Rome, les chefs des factions ont armé la plèbe nécessiteuse pour s'arracher des mains les uns des autres les sceptres, dont les armées étaient les dépositaires. Vint enfin César qui dépassa tous les démagogues du passé et livra Rome à Auguste, prince sous

le costume de l'homme privé, qui n'eut plus rien à disputer aux chefs
du sénat ou aux chefs de la foule. En revanche les Césars eux-mêmes
devinrent la proie des soldats, qui les culbutèrent séculairement les
uns sur les autres. Cela dura jusqu'à Dioclétien, où ce mensonge d'un
peuple souverain dont les Césars revêtaient le masque, disparut enfin.
La puissance administrative remplaça le chaos des législations précédentes, pour créer l'ordre tel qu'il régna dans le Bas-Empire.

Pour rendre ces précédents plus saillants encore, la démocratie
française applaudit à l'ochlocratie d'Athènes, comme elle applaudit
à Marius et à l'ochlocratie romaine. L'empire français salua de ses
acclamations le système dont Auguste avait posé les fondements et
dont Justinien avait achevé le faîte. Pure illusion d'optique cependant de part et d'autre.

Certaines *analogies* ont un grand sens en histoire, mais sous la
condition expresse qu'on n'en fasse des *identités* d'aucun genre, car
aussitôt l'instruction cesse et le sophisme éclate. Or du temps où la
foule se fit souveraine dans quelques cités de la Grèce et se flatta de
l'être à Rome, il y avait dissolution du corps de la société païenne.
L'antique famille, l'antique cité, rien de cela n'existait plus, ni à
Athènes ni à Rome. Au lieu de la famille, il n'existait qu'un *concubinat* illégal à Athènes et légal à Rome ; dans ce double concubinat
s'était établi une licence de mœurs sans frein. Au lieu de l'autonomie
de la cité on trouvait une foule oisive qui se faisait entretenir par
l'État, réclamant le *panem et circenses* sous une forme à Athènes,
sous une autre forme à Rome. L'impuissance était au bout de cet état
des choses.

Il est vrai, la légitimation des bâtards de Louis XIV et les idées de
sultan qu'affectait, sous ce rapport, le grand roi, furent un immense
échec pour l'esprit de famille. Cet exemple donné du haut du trône,
on le suivit notamment en Allemagne, où les princes n'avaient rien
de plus empressé que de s'y conformer. Ils y pullulaient depuis la
paix de Westphalie, abrités sous l'aile du monarque français, leur
suzerain de fait sinon de droit. Copistes grossiers d'un modèle élé-
gant, qui connaissait du moins le bien même en ne le pratiquant pas,
tandis que ses imitateurs s'avilissaient dans la débauche ! La vie de
cour finit par devenir ignoble, à dater surtout de la Régence qui servit
de modèle aux princes de l'empire, las de contrefaire le grand roi,
dont ils ne pouvaient saisir les allures. Il n'en fut pas tout à fait ainsi
en France, où la grâce voilait le cynisme. Malgré l'avilissement du
trône sous Louis XV, la *cour* s'y modifia un peu sur l'exemple de la
ville, en descendant dans les salons, où elle fut admise dans l'intimité
des philosophes. On y renouvela les doctrines d'Aristippe et d'Épicure
pour embellir les désordres de la conduite, en y mêlant le sophisme

rehaussé par le piquant de l'esprit. Voilà ce qu'il en fut de l'analogie et de la ressemblance avec la fin des républiques de la Grèce et de Rome; mais voici la dissemblance.

Quoique le christianisme eût subi les plus rudes échecs dans la France du XVIIIe siècle et dans les pays de l'Europe sur lesquels l'Opinion de la cour et de la ville, des salons et de la philosophie d'alors exerçait sa toute-puissance, il n'en était pas, il n'en pouvait pas être du christianisme comme du paganisme. Celui-ci perdit tout ce qu'il pouvait posséder d'humain, d'honnête, même de religieux. Il ne lui restait que le vice, et avec le vice la corruption de la pensée et du sentiment. Mais le christianisme est de soi impérissable; il est la vérité même, qui a posé les fondements du ciel et de la terre. Il peut être momentanément méconnu, affaibli, refoulé, il ne peut jamais être anéanti, car il témoigne de soi chez ceux qui le récusent le plus; les sophistes eux-mêmes démentent sous ce point de vue leurs doctrines. Il a formé à lui tout seul toutes nos notions du bien et du mal; il est entré dans notre cœur et dans notre esprit par la lumière qu'il a portée dans la raison et le sentiment, en les séparant de tout mélange matérialiste, de tout adage panthéistique.

Quiconque ne saisit pas cette distinction radicale entre les temps modernes et les temps antiques sur les points où ils semblent le plus se rapprocher, n'a pas de notion historique et philosophique sur le fond des choses. Or, c'est cette vraie notion qui a manqué aux hommes qui se sont enthousiasmés pour la donnée radicale de la Révolution et pour la donnée absolutiste de l'Empire. Ils n'ont pas tenu compte du changement radical survenu dans l'espèce humaine depuis le christianisme. Ils ont oublié un autre fait majeur : que nous ne vivons plus sur le fond d'une société grecque et romaine vieillie et abâtardie, mais sur le fond d'une nouvelle Europe chrétienne, renouvelée de fond en comble par les mœurs et les institutions des conquérants de l'empire romain.

On se demande cependant, et on est en droit de se demander, comment il a pu se faire que les esprits les plus éminents et les volontés les plus fortes, que tous les acteurs grands et petits qui se sont produits dans le courant de la Révolution et de l'Empire, ont pu donner tête baissée dans un aussi épouvantable anachronisme? Comment ils ont pu jeter la défroque des grands noms de la Grèce antique pour s'affubler des grands noms de la vieille Rome? Comment ils ont pu méconnaître à tel point la marche de l'esprit humain pour jouer une antiquité dont ils n'avaient pas la conscience? A ces questions il n'y a qu'une seule réponse, et cette réponse n'est pas où on croit l'avoir trouvée. Elle n'est pas dans les lettres classiques, elle n'est pas surtout dans les lettres classiques bien apprises; elle est plutôt dans les lettres classiques mal ou insuffisamment apprises. Mais ce n'est pas encore tout à fait cela. Elle est bien réellement dans la tournure d'esprit exclusivement rationaliste du XVIIIe siècle. C'est l'abstraction du monde réel qui nous a valu tant de fausses représentations d'un monde antique, la pompe et la solennité de tant d'actes de la vie publique, mises en scènes brillantes qui ont apparu sur l'horizon de la Révolution et de l'Empire. Envolées dans une fumée vaniteuse, elles n'ont pas laissé de trace dans l'Opinion publique; on comptait cependant nourrir toutes ces réminiscences en les chauffant au feu de cette Opinion même. On voulait quelque chose de plus. Pour agrandir l'Opinion par la splendeur de toutes ces solennités, on s'imaginait que le factice pouvait devenir une réalité, qu'il pouvait contribuer à former l'esprit des masses, qu'il pouvait parvenir à les pétrir; et cela au moyen de tous ces efforts artificiels qui visaient au sublime et trouvaient le ridicule.

Mais, encore une fois, comment a-t-on pu si bizarrement se méprendre sur le cours des choses et des événements au point de vue du rationalisme même?

C'est par suite d'une double cause. D'abord le rationalisme se trompe sur la nature et le génie de l'homme; il constitue une dogmatique de sa façon, une dogmatique sans culte et sans religion, une dogmatique vague et insuffisante, et qui ne saurait faire corps avec les mœurs d'un peuple. Chassé par une porte et évincé de son passé historique, le sentiment ne perd pas courage; il se mêle à l'imagination et cherche à se glisser par une porte nouvelle dans le corps de la place, dans cet ordre social démantelé dont on n'a pas même respecté les cendres. Il veut se refaire antique pour inventer quelque chose de neuf; il prétend renouer avec la chaîne des âges en supprimant le christianisme, cet intrus dans l'ordre social, cette nouveauté absurde et dégradante pour la raison humaine, ce cauchemar des rationalistes. Nous touchons ici à la seconde cause de ces méprises, et c'est cette cause qui nous dévoile le mystère d'une aussi grande inintelligence de l'histoire de l'homme et de l'espèce humaine. Elle sert à expliquer une époque des plus étranges, une époque qui a donné naissance à toutes ces fantasmagories faussement historiques, à toutes ces pièces de rhétorique et à grand fracas qui ont fasciné l'imagination des grands faiseurs, qui ont agité tant de tribuns, tant de sénateurs, acteurs en titre sur la scène de la Révolution et de l'Empire.

Ce qui trompe beaucoup d'yeux inexpérimentés, ce qui égare certains hommes qui voudraient percer dans les parties ténébreuses de la formation d'un peuple, c'est qu'ils veulent lire clair dans son berceau même. Infatués d'amour-propre, ils substituent leur raison à la véritable créature humaine ; ils raisonnent sur l'embryon d'une façon abstraite et se refusent à le suivre dans l'ordre de sa conception. Comment parviendraient-ils à saisir les phases des différentes époques de son développement? La grande simplicité de la nature morale aussi bien que de la nature physique est le secret de la *vie* ; mais ils ne saisissent que des rouages dans l'entendement de l'homme ; ils parlent de l'homme comme d'une machine à ressorts et l'expliquent comme un composé au moyen de la fausse unité d'un mécanisme. Toute délicatesse d'organisation dans l'homme vivant, dans l'être social, moral, intellectuel, échappe ainsi à ces hommes de pure raison abstractive, de pure science administrative. Ils ne comprennent rien au jeu de la vie qui fait des parties un tout dans l'autonomie d'un peuple libre. Tels étaient les hommes qui se trouvaient à la tête des affaires dans le courant du xviiie siècle. Comme ils étaient vides de toute animation religieuse, comme ils ignoraient les sources de la grande inspiration citoyenne, quoiqu'ils fussent éminents par la force de leurs théories administratives, par l'entente des affaires et par le désir des réformes utiles, faut-il s'étonner des égarements d'esprit de la Révolution et des erreurs de l'Empire nés sous de tels auspices?

L'unité nationale n'est pas l'œuvre d'un seul jet, on ne coule pas un peuple comme on coule une fonte. Avant qu'il y eût une unité vraiment nationale, il existait chez ce peuple une grande variété de familles ; chacun de ces groupes d'une parenté plus ou moins étroite eut sa constitution particulière, conforme à son mode de vivre. Il y eut différentes sortes de cités sociales et politiques, qui naissaient de cette diversité même. Ces castes, ces classes, ces corporations subirent leurs évolutions internes, causes d'un grand nombre de conflits et finirent par se rapprocher dans la suite des temps, en se modifiant à l'infini sans s'abdiquer radicalement elles-mêmes. Tel fut entre autres le lent travail des peuples du moyen âge avant qu'ils arrivassent à leur état de civilisation moderne. L'ambition des princes, les guerres de religion et le culte des lettres classiques les saisirent et les enveloppèrent au moment de leur transformation même. Ce fut à la suite de longs épuisements, qui succédèrent à des luttes véhémentes et prolongées, que la force de l'administration parvint à s'abstraire de la société sous l'ancien régime, quoiqu'elle n'aboutît pas encore à cette forme pure et absolue de l'Etat qui ne fut que la conquête de la révolution française.

Placé en face de tous les antécédents historiques dont il ne pénétrait pas la nature et dont il ne s'expliquait pas le phénomène, le génie administratif du dernier siècle jeta les hauts cris ; lui qui s'attribuait la science infuse, lui qui avait son jugement infaillible, sa théorie toute faite sur l'origine des peuples comme sur celle de l'espèce humaine. Il proclama le passé un chaos; il y vit un ordre de choses irrationnelles, sur lesquelles il fallait passer l'éponge pour arriver de nouveau au système de la raison pure. S'agissait-il d'expliquer les causes de toute cette perturbation du sens commun des peuples et de la nature humaine? Il eut recours à l'invasion des barbares, il en accusa ces hordes de sauvages qui détruisirent le bel ensemble des institutions romaines et byzantines qui datent de Dioclétien et qui finissent à Justinien. Il accusa le christianisme d'avoir plongé l'esprit humain dans les ténèbres, d'avoir inventé des dogmes qui outrageaient le terre-à-terre de la raison humaine, d'avoir plongé l'âme humaine dans les rêveries d'un mysticisme aux tendresses infinies, de l'avoir éloignée du bien-être matériel, d'avoir empêché l'accomplissement des véritables destinées terrestres. Voici ce qui en est résulté.

La vraie destinée des nations européennes avait été une première fois faussée par la tentative du pouvoir absolu, occupé à se centraliser dans le sens d'une administration byzantine. Elle le fut une seconde fois par la réaction sociale qui s'ensuivit. Au lieu de viser à l'autonomie, ou de manœuvrer comme la Grande-Bretagne et la Hollande, on se jeta dans le faux idéal d'une démocratie républicaine, renouvelée des derniers temps de la Grèce et de Rome. La science historique manquait absolument aux meneurs du temps pour se rendre un compte vrai de la naissance et de la croissance de la société antique, comme de la naissance et de la croissance de la société du moyen âge. Un homme d'un grand génie politique et d'une capacité de tête extraordinaire, très au fait de ce qu'il y avait de moderne dans l'antiquité et d'antique dans le moyen âge, un homme qui vivait à une époque où le conflit de la puissance absolue de l'État et de celle de la démocratie souveraine et absolue commençait à percer en Italie, pour réagir sur les classes lettrées de la France et de l'Allemagne, comme aussi de la Grande-Bretagne, Machiavel, peut servir d'indicateur pour mesurer la profondeur de cette double méprise. Il devint un phare pour l'Opinion contradictoire des hommes d'État et des démocrates, à dater du xvie siècle. Si l'Angleterre fut quelque peu théoriquement atteinte par ces doctrines, elle échappa pratiquement, en arrachant son autonomie aux entreprises des Tudor et des Stuart, et son aristocratie politique aux disciples de Locke comme aux esprits forts dont l'action s'affaiblit chez elle en passant dans le continent.

Ainsi, tandis que dans le reste de l'Europe, l'État marchait à l'abstraction en se séparant de la société, l'Opinion, de son côté, marchait à l'abstraction en se séparant de l'État. L'un visait à un absolutisme administratif, légal et scientifique; l'autre visait à un radicalisme dé-

mocratique électif, en s'appuyant sur l'individualisme tempéré par
le vent des clubs. L'Angleterre seule poursuivit la voie de l'unité sociale, en continuant et modifiant à l'infini le legs du *self government*
que lui avait transmis le moyen âge. Elle respecta tous les antécédents historiques sans s'y assujettir en esclave; elle s'estima assez
pour ne pas forfaire à son passé, et elle ne fut pas assez folle pour lui
sacrifier l'avenir. L'esprit public se maintient debout et crée l'unité
dans ses rangs. L'Opinion gonfle la voile de ses destinées comme une
brise, mais elle ne lui sert pas d'ancre pour le port et l'abordage.

IV.

COMMENT SE DÉVELOPPA LA FORCE DE L'OPINION AU SEIN DE LA VIE PRIVÉE CHEZ LES PEUPLES DE L'EUROPE MODERNE.

Aussitôt que la *vie domestique* cesse chez les Grecs et les Romains,
la *vie publique* périt du même coup, ou plutôt, elle suit le mouvement de la dégradation des mœurs et de l'avilissement des caractères. Enfin quand les temps sont mûrs pour la domination de Philippe
et d'Auguste, il n'y a plus même de grands génies vicieux, car il n'y
a plus de génies quelconques; il n'y a plus de grands caractères mal-
faisants, car il n'y a plus de caractères d'aucun genre. On est tombé
au-dessous de soi, car on est tombé dans l'anéantissement de toute
force intelligente comme de toute force sociale.

A la perte de la vie domestique succède le gain de la *société privée*
qui remplace l'esprit de famille.

A Athènes, la mère de famille est renfermée à part de son époux
et végète sans culture d'esprit. Elle est remplacée par la courtisane
de haut parage, instruite dans les lettres et formée dans les arts,
femme philosophe, qui vit dans l'intimité des hommes d'État, à dater de Périclès; des philosophes, à dater d'Aristippe et de Diogène,
comme plus tard d'Épicure. L'*Opinion sociale*, qui est à la fois *politique* et *philosophique,* se forme dans ce cercle de femmes galantes,
rendez-vous des hommes d'État, des philosophes, des ambitieux, des
esprits élégants, de tout ce qui participe à la distinction par la
culture.

A Rome les courtisanes ne jouent pas le même rôle, car elles sont
sans distinction de pensées et de manières, sans culture d'esprit. Ce
sont les mères de famille, les matrones romaines qui elles-mêmes
remplacent les courtisanes. Sans pudeur et sans voile, elles pensent
tout haut, elles agissent tout haut, elles combinent leurs plaisirs en les
enlaçant dans des intrigues politiques. Tous les ambitieux de la dou-

ble aristocratie romaine se groupent autour du boudoir de ces ambitieuses et s'inspirent de leurs intrigues. La cour d Auguste finit par l'emporter et donne à elle seule le ton à la société romaine ; mais la philosophie en est bientôt chassée, comme le fut l'idéologie à une certaine époque de l'histoire moderne, et à sa place la rhétorique prit faveur. Ce fut le commencement du règne de cette sorte de lettrés et de beaux esprits, dont aucun pouvoir absolu n'a jamais eu rien à redouter, parce qu'ils ne vivent que de grâces et de faveurs, parce qu'ils ne font que vendre leur talent et leur plume.

Du temps de Machiavel, quand les cités de l'Italie passèrent sous le commandement d'une foule de tyranneaux, on vit un spectacle en tout pareil à celui qu'offrit le passage de la république à l'empire romain. Des femmes de haut rang, distinguées par la culture des lettres, mais sacrifiant leur honneur, comme les matrones romaines, à la fureur de leurs passions et au génie de leurs intrigues, se firent le centre d'un mouvement social dans plusieurs cités, illustrées par des hommes d'État, des ambassadeurs, des hommes de guerre, des philosophes, des savants, de grands artistes, de célèbres poëtes, engagés dans leur cortége. Cet éclat eut bientôt une fin quand la tyrannie pesa sur les esprits, quand une ère du bel esprit et de la rhétorique verbeuse la plus humiliante pour l'esprit humain succéda à une ère de force et de talent, de hardiesse dans la pensée qui allait jusqu'au cynisme. Jamais les cités de l'Italie ne se sont relevées de ce dépérissement des grandes facultés intelligentes qui honorèrent leur sein dans le courant du xv⁰ et du xvi⁰ siècle, rarement il est vrai par un bon emploi du talent.

Composant la force d'une Opinion naissante par l'alliance des hommes d'État, des illustres guerriers, des grands magistrats, des grands érudits, des poëtes, des philosophes, des artistes, l'esprit de société passa d'Italie en Espagne et en Portugal, en France et dans la Grande-Bretagne dans le courant du xvi⁰ et la première moitié du xvii⁰ siècle. Avec le temps même il parvint, si nous exceptons la péninsule ibérique, à composer le fonds primitif d'Opinion publique qui effaça tout esprit public dans une partie de l'Europe moderne, notamment en France, où cette Opinion grandit bientôt à la hauteur d'une domination européenne depuis que Louis XIV sut lui donner le ton et en tenir les rênes.

L'esprit philosophique, accompagné d'une moralité suspecte qui devait préparer les mœurs de la Régence et le règne de Voltaire, éclata sous la minorité de Louis XIV même. Il fut inauguré par la doctrine de Gassendi, chère à tant d'hommes illustrés par les lettres, la robe, les armes. Ninon de Lenclos s'apprêtait même à y jouer le rôle d'une fausse Aspasie, quoiqu'elle ne fût pas au niveau de cette

amie de Périclès. Le grand caractère de la société française, qui
brilla d'un si vif éclat sous le règne du grand cardinal et durant la
minorité de Louis XIV, n'en fut pas terni, il est vrai ; mais ce cou-
doiement de la philosophie de Gassendi avec la philosophie de Descartes prouve le chemin que les esprits avaient fait et indique le passage du génie de la cour, encore cartésien, au génie de la ville, déjà
gassendiste. On connaît le rôle des femmes philosophes du temps de
Louis XV ; on sait aussi ce qui en avait reparu sous la forme de salon
philosophique et scientifique à l'époque du Directoire, comme aux
jours du Consulat, avant l'étouffement de toute Opinion publique
sous l'ascendant de l'Empire.

V.

DU RÔLE DE LA SCIENCE DANS LA FORMATION DE L'ESPRIT PUBLIC AU SEIN
DE L'EUROPE MODERNE.

La science ne fut d'aucun poids dans les gouvernements de l'antiquité classique comme dans ceux du moyen âge. Elle n'a commencé
à jouer un rôle politique et social que sous la révolution française.
Elle sert l'État et l'ordre social dans la Grande-Bretagne contemporaine ; elle a dominé l'État et asservi la société française à partir du
Directoire, du Consulat et de l'Empire. On la voit triompher par les
théories du progrès scientifique de l'ordre social et du gouvernement
de l'État. Condorcet fut le premier à proclamer ces théories, bizarrement appliquées dans les systèmes de Saint-Simon et de Fourrier,
qui visaient à obtenir la faveur des masses. Il n'en est pas ainsi
de l'application de la doctrine scientifique quand elle tourne le
dos au socialisme et au communisme, quand elle concentre sa sagesse dans la grandeur de l'État, et qu'elle le voue au déploic-
ment de la pure force administrative, comme sous le premier Empire.
Chacun sait comment l'Empire s'y prit pour chasser l'*idéologie* du
sein de la science, comment il se défit de cette théorie matérialiste
que l'Institut lui avait donnée pour fondement ; car l'Institut avait
compté élever sur cette base l'édifice de la démocratie cosmopolite,
philanthropique et autocrate, dont l'Empire n'avait que faire. Aujourd'hui que la science a conquis l'Europe par l'industrie, les sec-
taires de sa théorie absolue tendent naturellement à faire disparaître
tout levier moral et intellectuel du sein de la société, à effacer toute
théologie comme toute philosophie parmi les hommes, à anéantir
toutes les leçons de l'histoire, à refouler radicalement le cœur et
l'esprit humain dans le domaine du roman et de la fantaisie, à plier

la législation et la politique à ses exigences rigides. Tout y invite depuis que la science est maîtresse absolue de l'administration dont elle a renouvelé les méthodes, depuis qu'elle essaie de transformer la politique à son usage, depuis qu'elle en fait un système de pure économie scientifique. C'est ainsi qu'elle est parvenue à tracer le sillon à tous les modes de l'existence privée comme à toutes les formes de l'existence publique, à tout ce qui constitue l'agencement des forces matérielles et administratives de l'ordre social.

Que je le dise d'un coup. La science en elle-même d'abord, puis dans son application à l'industrie du point de vue social, la science qui a pénétré l'administration et l'a ployée à un système d'économie politique, en vue des richesses et des ressources de l'État, est un grand fait, un fait unique dans les annales du genre humain. A part l'égalité devant la loi, à part l'équité civile, c'est le seul vrai, le seul grand et juste triomphe qu'ait remporté la révolution française. Elle a séparé nettement la cause de l'État, comme administrateur et centralisateur, de la possibilité de l'arbitraire, c'est-à-dire du régime de cour qui l'encombrait sous l'ancien régime. Elle a du même coup anéanti le système des monopoles et des privilèges sociaux ; elle l'a remplacé par un système d'économie politique mieux entendu ; elle a fini par écouter la voix de la science qui protestait contre les décrets dégradants et les maximes ineptes des révolutionnaires purs, niveleurs issus de l'école de Jean-Jacques. Elle fut donc inaugurée comme l'unique, comme l'exclusive raison sociale de la révolution française, cette science qui lui a survécu dans son application à l'État. Graduellement poursuivie par Richelieu, Mazarin et Louis XIV, qui gâta son œuvre en identifiant l'Etat à sa personne par cette maxime d'un égoïsme royal inouï : *l'Etat, c'est moi!* maxime qui contenait toutes les déviations d'un arbitraire pur, d'un régime de cour en germe, l'idée de l'Etat se dégagea du chaos de la révolution jacobine par les développements des sciences physiques, et cela au moyen d'une rectitude d'esprit pour ainsi dire mathématiquement belle. Ce que l'Institut de France avait projeté du temps du Directoire sans pouvoir le mettre à exécution, le grand génie administratif et scientifique du premier consul le pratiqua. En même temps il porta sur l'Opinion un coup de massue, qui la fit disparaître sous son règne. Malgré les généreux efforts de Mme de Staël, elle expira dans les salons, dorénavant sans langues quoiqu'ils ne fussent pas sans oreilles.

La science dans son application à l'industrie, pour ce qui concerne la société, à l'administration pour ce qui se rapporte à l'Etat, n'a qu'un seul but : la grandeur de l'homme matériel, et qu'un seul raisonnement. Elle se dit à elle-même : « Étant donné le bonheur physique, le bonheur moral ira le joindre. Soyez d'abord riche pour être physiquement heureux, vous serez après tout ce qu'il vous plaira d'être : religieux si vous avez des goûts religieux, philosophe si vous avez des goûts philosophiques, artiste si vous avez des goûts artistiques, poëte si vous avez des goûts poétiques, et ainsi du reste. » — Le corps forme dans ce raisonnement la *majeure*, l'âme la *mineure*; quiconque a le corps aura l'âme quand il voudra s'en donner la peine ; le corps est le *nécessaire*, l'âme est le *superflu*. Dans ce système l'ordre est tout entier de force ou de police, il n'est nulle part de mœurs et d'habitude. Dans la progression de ces idées, l'*aurea mediocritas* disparaîtrait du monde, l'indigence deviendrait synonyme de bêtise, le malheur deviendrait une chose affreuse. Il n'y aurait pas de mesure à la progression des désirs comme à celle des jouissances, qui se trouveraient toutes du côté des richesses, car les richesses pourraient seules alors satisfaire les *appétits*. Déjà dans le langage de l'industrie moderne, qui s'incline devant la science, l'homme de génie n'est plus l'homme d'État, c'est le bon administrateur; ce n'est plus le grand théologien, le grand jurisconsulte, le grand philosophe, le grand artiste, le grand poëte, c'est l'inventeur d'une machine. L'homme *pratique*, le citoyen utile, le bon citoyen, c'est le millionnaire, c'est-à-dire le banquier ou le fabricant.

Cependant il manque quelque chose à ce double Eldorado du prolétaire et du millionnaire. Il lui manque la vraie connaissance de l'homme, la vraie science de la société. De là toute absence d'avenir, une ivresse du présent sans lendemain. Cette félicité est celle d'un mirage infini dans un désert sans bornes. Il lui manque de plus la connaissance spéciale de l'homme européen et de son activité intellectuelle. L'Européen est mobile non-seulement de passion et de caractère, mais d'intelligence et de compréhension. Pour que ce système fût parfait il y aurait deux choses à acquérir : la première serait la métamorphose des Français et des Allemands en un peuple idéal à la façon du peuple chinois, en un peuple industriel absolu, qui progresserait dans l'industrie en dépit de ses routines, si on le chauffait des feux de la science européenne. L'autre chose serait la métamorphose complète du système d'administration ébauché par Richelieu, Mazarin et Louis XIV, achevé par Napoléon. Il s'agirait de sa transformation en un mandarinat chinois à règles fixes, où la puissance administrative s'identifierait à un cérémonial d'État, pivoterait vers une sorte de religion scientifique, et ferait de l'État, personnifié dans son César, une savante idole. Cela n'étant pas, le Bas-Empire ne pouvant se reformer dans l'Europe moderne, parce qu'il amènerait la décadence de l'État, frappé dans ses ressources financières, il faut se contenter du veau d'or et renoncer à sa transformation en mino-

VI.

DE LA MARCHE DE L'OPINION EN FRANCE ET EN ALLEMAGNE DURANT LA RÉVOLUTION ET SOUS L'EMPIRE.

Nous avons vu d'où date la puissance de l'Opinion dans l'Europe moderne. Née de la radicale séparation de l'État et de l'ordre social, fondée sur la complète absence de tout esprit public, elle le remplace mal. L'esprit de société succède à l'esprit de famille, jadis intimement uni à toutes les formes de l'esprit public qui ressortaient de l'autonomie des classes citoyennes. Quand l'esprit de famille est remplacé par l'*individualité* de tous les membres de la famille, elle cesse d'avoir une valeur intrinsèque aux yeux de l'Etat qui ne compte plus qu'avec les individus. Plus d'associations ni de communes. Les bribes de monopoles et de priviléges qui subsistaient sous l'ancien régime n'avaient plus de force sociale. Elles devenaient, dans l'atonie générale, vexatoires et accablantes pour l'individu, dans son libre développement. Quant à l'esprit de société qui remplaçait l'esprit public, il tendait de plus en plus à l'individualisme, dans les salons de la cour, dans ceux de la capitale et finalement partout où les individus se réunissaient pour causer et chuchoter, pour méditer et s'échauffer, pour cabaler et intriguer. La cour et la ville, les lieux de rendez-vous des grands seigneurs, des diplomates, des gros financiers, des grands rentiers, de la robe, de la grande et moyenne magistrature, de la classe lettrée, inaugurèrent le train qui finit par concentrer sa puissance dans le complot d'une sorte de franc-maçonnerie encyclopédiste, en attendant l'ouverture des clubs. Il en naquit un flot qui remonta jusqu'aux hommes d'État dans le courant du xviiie siècle. Subissant l'action de l'Opinion, ils ne tinrent plus les rènes du gouvernement qu'ils guidaient de si haut dans le siècle précédent. Tel fut le principe du relâchement qui devait aboutir à la révolution française.

Quand l'Empire vint clore la première phase de la Révolution pour en commencer une seconde, l'Opinion fut abattue dans les salons des idéologues et étouffée dans les clubs des jacobins. Le mouvement philosophique du xviiie siècle avait achevé sa course; il avait fait son temps sous les deux formes qu'il affectait de préférence et qui se rencontraient dans un seul et même déisme. Le déisme était un parlage de Dieu sans la foi en un Dieu vivant et personnel. Teint de *raison* dans l'école de Voltaire, il se teignait de *sentiment* dans celle de Rousseau. L'un proclamait le dieu des honnêtes gens et l'autre le dieu des âmes sensibles. L'un se contentait de la démonstration d'un

Être suprême par le raisonnement, et l'autre essayait d'une sorte de culte fondé sur l'adoration de l'Être suprême dans son temple de l'univers. On sait comment la science, qui partit de d'Alembert pour aboutir aux idéologues, abolit le Dieu de Voltaire et de Rousseau. On connaît le sort du culte inauguré par Robespierre et La Réveillière-Lépeaux après la farce de la déesse Raison, apothéose de la nature humaine, dont les disciples de la nature physique eurent le bon esprit de ne pas reprendre l'inauguration théâtrale. Voltaire et Rousseau en personne, l'un comme dieu des salons, l'autre comme dieu des clubs, furent également et à tout jamais ensevelis sous l'échafaud des Girondins, sous les ruines de la Convention. Ce fut alors que le Directoire inaugura le règne de la science sous les auspices de l'Institut. jusqu'à ce que le Premier Consul purgeât la science de sa philosophie même.

Évidemment c'en était fait du règne de l'Opinion en Europe. Il ne pouvait plus être question de l'empire des maximes qui dominaient le monde social sous l'autorité du grand cardinal et du grand roi, quoique le nouvel empereur en affectât la reprise. Les Corneille eussent été pour lui trop près de la Fronde ; il en eût été de même des Descartes qui poussaient à l'indépendance de la pensée. Les Pascal, les Arnaud, les Nicole, les Bossuet, les Fénelon, les Bourdaloue, jansénistes, gallicans, ultramontains, jésuites, eussent trop profondément remué un fond de doctrines spéculatives sur les rapports de l'Eglise et de l'Etat. Les Domat et autres jurisconsultes eussent trop intimement soulevé des questions de puissance publique qui se rattachent à la jurisprudence. Les Leibnitz eussent trop provoqué les questions d'histoire dans leur intime alliance avec les questions de théologie, de philosophie, de jurisprudence. Les Molière eussent trop vivement appelé l'attention sur les ridicules des classes anciennes et des classes nouvelles de la société. Cette affectation propre à l'Empire de se parer de si grands noms n'était autre qu'une combinaison savante, qu'un grand jeu joué avec le passé en face de la Révolution. C'était un de ces grands spectacles comme les aimait l'Empire, pour distraire les esprits accablés par la grandeur des actions qui se jouaient sur la scène du monde, inoccupés et vides de pensées, et dont on captivait ainsi les loisirs.

On eût désiré des Boileau et des Racine, qui peut en douter ? On eût ambitionné peut-être aussi des Lafontaine, qui n'eussent soulevé aucune question indiscrète ; mais on n'a pas toujours les talents à sa commande. Tout le reste d'ancien régime et de Révolution que l'on rencontrait sous sa main était usé et à bout de puissance ; on n'en voulait plus, on ne pouvait pas en vouloir. Le danger vint alors d'un côté où l'on s'y attendait le moins. Il se forma dans le pays qui

avait imité de la façon la plus lourde et la plus gauche Louis XIV
au xviiᵉ siècle, dans le pays qui s'était soumis le plus aveuglément au
mot d'ordre des encyclopédistes, accueilli par une fraction de la
franc-maçonnerie allemande du xviiiᵉ.

Deux princes énergiques, Frédéric II et Joseph II, prirent le devant sur les idées d'unité et de centralisation tombées en quenouille
depuis les désordres de la Régence en France et altérées par le régime de cour et de favoritisme. A côté d'eux, mais tout en dehors
de leur action, il se fit un mouvement intellectuel sorti des entrailles
de la nation. La poésie des Klopstock, des Gœthe, des Schiller ; les
idées sur l'art antique des Winkelmann et des Lessing ; la muse de
l'histoire dont Jean de Muller emboucha de nouveau la trompette ; la
philosophie de Kant ; l'esprit universel de Herder protestèrent contre
la domination de l'esprit humain que s'étaient arrogéé Rousseau et
Voltaire et dont les encyclopédistes exploitaient l'empire. Leibnitz
avait été le point de départ pour les universités de l'Allemagne au
commencement du dernier siècle ; mais cette impulsion avait été
brisée par le succès de Locke et le règne des encyclopédistes. Quand
l'œuvre de Leibnitz fut reprise par l'érudition germanique sur la fin
du même siècle, la France y subit un échec dans le domaine des esprits, au moment même où ses armes y brisaient les sceptres et les
couronnes. On se ressouvint de l'abaissement continu de l'Allemagne
sous la politique et les armes de Richelieu, de Mazarin et de Louis XIV.
On n'oublia pas l'empire exercé par les beaux esprits et les philosophes français du temps même des revers essuyés par la politique de
la Régence et de Louis XV, et on ne voulut pas se laisser effacer de
la carte des esprits après avoir été effacés de la carte des peuples
par les aigles de Napoléon. L'esprit humain protesta partout où les
rois succombaient et où les peuples s'abîmaient, révolte des intel-
ligences, qui fut le premier échec de la Révolution et de l'Empire.

Il y a des signes des temps que tout le monde ne comprend pas,
mais qui ont quelque chose d'infaillible. Tous les temps remarqua-
bles par le mouvement de l'Opinion qui s'y opère se trouvent inté-
rieurement tourmentés par des courants contraires. C'est ce que l'on
peut étudier dans l'ensemble des phénomènes qui éclatent à l'époque
de la Renaissance. Les contemporains de ces jours de grandeur et de
misères humaines semblent s'y désespérer plus d'une fois. Les uns
redoutent le retour des doctrines d'un moyen âge suranné et cependant à jamais impuissant à féconder un avenir ; les autres s'effa-
rouchent à la vue des théories utopistes qui précipitent le siècle en
avant dans les bras de l'anabaptisme. On put observer pareille chose,
quoique sur une bien moindre échelle, du temps même de la Fronde,
en toutes ces époques de transition où le présent ne se dégage pas

encore nettement du passé, et où le libertinage de certains esprits empiète déjà sur l'avenir. Il en fut de même du temps de la Régence et quand Voltaire luttait encore contre le reste des souvenirs théologiques et philosophiques du grand siècle. Pareille chose arrive à l'Europe contemporaine, empêtrée de révolutionnaires retardataires et de révolutionnaires précoces. A cette difficulté inhérente à toutes les époques de transition vient encore s'ajouter une difficulté particulière. Elle résulte de la position de ceux qui voient les choses selon leurs habitudes d'esprit, qui les jugent d'après leurs prospérités et leurs douleurs, qui ne surmontent pas leurs échecs, qui ne peuvent pas se consoler de leurs désabusements. Ils confondent sans cesse leurs chagrins, comme leurs adversaires leurs espérances, avec l'état des choses en soi, contemplé du point de vue où les horizons se dégagent de toutes les préoccupations personnelles. Voilà comment il a pu y avoir de si grandes méprises sur le mouvement de l'Opinion en Allemagne au fort des succès de la France révolutionnaire et impériale ; voilà comment il a pu se faire que le mouvement spéculatif des Allemands ait été si mal saisi par le conquérant. La poursuite du livre *de l'Allemagne*, ouvrage capital de Mme de Staël, en offre un témoignage. Quelque incomplet qu'il soit, il avait suffi néanmoins pour révéler à la police impériale des dangers dont elle avait constamment ignoré la vraie portée et la vraie nature.

VII.

DES CHANGEMENTS SURVENUS DANS L'ÉTAT DE L'OPINION DEPUIS LA NAISSANCE DU GOUVERNEMENT REPRÉSENTATIF.

Je n'entame pas encore la question de la nouvelle direction partie de l'Allemagne et qui réagit victorieusement contre la philosophie française du xviiie siècle. Il suffit d'indiquer pour le moment qu'elle frappa du même coup l'idée scientifique d'un État centralisateur et rigoureusement administratif, quoique l'État ainsi constitué eût détrôné Rousseau et Voltaire dans la foi des masses et non pas seulement dans celle des rangs éclairés de la société. Ne pouvant progresser au delà de leur but même, les idées de ces écrivains n'offraient pas un point de départ ultérieur à l'esprit humain. Elles avaient consommé leur œuvre de négation pure. La Révolution avait surabondamment constaté son impuissance à rien édifier. Les travaux de la Constituante, de la Législative, de la Convention et du Directoire gisaient pêle-mêle au milieu des baraques constitutionnelles dont les matériaux étaient ramassés de toutes parts. Tout s'y trouvait en effet, à l'exception de la famille, de la commune et de la cité. Les déclamations et tout ce qu'il y a d'inutile en fait de maximes politiques y abondaient ; rien n'y existait de ce qui avait servi de fondement à une société.

Il n'en fut plus de même d'une action réparatrice qui partit de la France à la chute de l'Empire, et qui fut plus féconde à elle seule que toutes les tentatives précédentes. L'Europe éclairée y applaudit du moins, et salua la nouvelle initiative que prenait la France, prêtant l'oreille à son essai de gouvernement représentatif.

Au moment même où la révolution philosophique du xviiie et l'empire administratif du xixe siècle tombent sur le flanc, au moment où ils atteignent leur *ultima Thule*, où ils ne rencontrent qu'anarchie et que despotisme, c'est-à-dire un néant instantané ou un néant différé, la France se redresse encore. Cherchant à dégager une nouvelle forme de gouvernement que les disciples de Necker voulaient copier sur un type anglais, les disciples de Lafayette sur un type américain, elle commet la faute de laisser debout le système administratif tout entier. Elle ne songe ni à la constitution de la famille, ni à celle de la commune, ni à celle de la cité. Elle place ainsi face à face, radicalement et d'une façon abstraite, la force de l'Opinion publique, qui était celle des classes éclairées de la société, essayant de se constituer en gouvernement représentatif, et l'État, constitué scientifiquement par le génie administratif le plus vigoureux et le plus entier qui ait jamais paru parmi les hommes. Par surcroît de malheur, ce gouvernement devint ainsi forcément vide de tout esprit public et politique, de tout ce qui le soutient en Angleterre et aux États-Unis par l'autonomie ou le *self government* de la société même. Si pareil état de choses se fût rencontré en Angleterre et aux États-Unis ; s'il y eût existé une machine administrative, fonctionnant sous le nom de l'État, pompant et attirant à elle toutes les forces de la société ; qu'il y eût un ministère Janus à double tête, maître de l'Opinion publique en dirigeant les discussions des chambres, et maître de l'État en gouvernant d'une façon absolue, dans l'absence de toute constitution indépendante de la famille, de la commune, de la cité, pourrait-on garantir pour ces deux pays l'avenir de la puissance parlementaire qui constitue leur force et leur dignité ? Or, c'est cet antagonisme de deux forces contraires qui fut glorieusement tenté en France par des hommes d'un très-grand talent, et même par un certain nombre d'hommes habiles. C'est cette difficulté qui fut malencontreusement reproduite en Italie et en Espagne par des maladroits et des déclamateurs sans frein. On se tira un peu mieux d'affaires dans quelques parties de la Suisse, de la Belgique, de la

Hollande et même de l'Allemagne, où la Révolution et l'Empire, tout en y passant, n'avaient pas également fait table rase.

Les premiers essais d'un gouvernement copié de la Grande-Bretagne et des États-Unis de l'Amérique datent de la Constituante. Ils y furent sans effet, et Montesquieu, avec son *Esprit des Lois,* fut vaincu par l'*Essai sur les mœurs* de Voltaire et le *Contrat social* de Rousseau. La philosophie courait du déisme à l'athéisme, de Voltaire à Diderot, de Rousseau à Condorcet. Un œil exercé eût pu déjà deviner les idées constitutives du Directoire, s'acheminant vers l'Institut de France comme vers le foyer de toutes les lumières scientifiques. Au bout devait se trouver le Consulat, qui préludait aux institutions de l'Empire. Il n'y avait donc rien de plus *naturel* que de réagir contre une marche de l'esprit humain qui menait à une impasse ; il n'y avait donc rien de plus *naturel* que de reprendre les idées dont le fil avait été brisé sans avoir pu se dévider, que de revenir à Necker et à Lafayette. Malheureusement leurs partisans se heurtèrent dès qu'ils s'aperçurent. Ils se rudoyèrent par suite de la différence de l'idéal monarchique et de l'idéal républicain vers lequel ils s'élancèrent en sens contraire. Ce fut à la faveur de cette discorde que les idées révolutionnaires, girondines et jacobines reparurent sous nouvelles formes, qu'elles se pressèrent dans leurs exigences. Les idées scientifiques et administratives ou napoléoniennes levèrent également la tête, toutes converties à la théorie d'un prétendu *libéralisme*, machine de guerre dressée contre le gouvernement des Bourbons. Tout cela avait fait son temps dans les rangs éclairés de la société, mais les idées voltairiennes et girondines pouvaient encore passionner certains rangs de la bourgeoisie ; celles du jacobinisme, greffées sur le *Contrat social,* pouvaient toujours agiter les masses. Les conceptions du génie impérialiste plaisaient à une double rangée d'hommes. Elles convenaient à la grande paresse des égoïstes qui ne soupiraient qu'après les douceurs de la vie privée, qui voulaient jouir sans penser et sans agir ; elles trouvaient de plus justes partisans dans la classe des hommes scientifiques et des hommes d'affaires, également formés à l'administration, profitant également de son empire.

Les hommes sont sujets à de grandes illusions. Ils voient une chose succomber et ils disent qu'elle est rayée du livre de la vie ; ils voient une chose triompher et ils disent qu'elle y est inscrite. Ils ne voient que ce qui est à leurs pieds, rarement ce qui est devant eux, plus rarement ce qui est derrière eux, presque jamais ce qui est au-dessus d'eux. Cependant on ne comprend bien réellement un présent que par un passé et par un avenir. Sondons-nous nous-mêmes ; consultons notre conscience. La solidarité des temps qui nous préoccupe si peu se révélera aussitôt à nos regards. Vivons de notre vie réelle, ne nous bornons pas à vivre au jour le jour. Nous nous rencontrerons aussitôt sur la route des mystères de l'humanité, la clef de ces mystères sera placée entre nos mains. C'est que la nature de l'homme est religieuse par essence; c'est qu'en vertu de cette nature nous sommes des êtres libres. Sans doute que nous nous trouvons serrés en nous-mêmes par une seconde nature, que cette nature nous plonge dans les fers de l'esclavage, qu'elle nous place sous le joug d'une certaine fatalité. Les passions sont toutes de feu et nous paraissent sublimes. Mais leurs ardeurs se calment, leurs lueurs s'éteignent; au milieu du bouillonnement de nos œuvres nous nous trouvons plongés dans une stupeur sans fin. C'est comme l'éclipse de l'homme moral, de l'être intelligent. Le volcan a lancé ses laves, elles retombent en pluie de cendres et roulent dans le gouffre qui les avait primitivement vomies. L'égoïsme alors a beau jeu, il s'épanouit dans cet affaissement; c'est à son tour de dominer, de façonner la créature humaine. « Tout est consommé, dit-il; laissons-nous aller au courant de nos plaisirs et de nos intérêts ! Une fatalité nous gouverne, n'ayons plus rien de commun avec nous-mêmes, mais soyons matériellement heureux et faisons surtout beaucoup d'argent ! »

Erreur que tout cela ! Le cratère veille, et s'il est momentanément assoupi, c'est pour l'engendrement de laves nouvelles.

Vous voulez savoir pourquoi? C'est qu'en soi la nature humaine est inépuisable comme l'esprit humain ; les peuples de l'Europe surtout forment une race d'hommes qui ne s'affaisse jamais longtemps sur elle-même. Le gouvernement représentatif a pu facilement succomber sans qu'il ait manqué de l'étincelle prométhéenne ; mais il a été allumé au phare d'un soleil qui s'est trompé de route dans la navigation des cieux, il a été porté sur une terre qui n'avait pas été préparée pour le recevoir. Songeons à mieux nous orienter dans l'avenir de nos destinées, arrosons le sol terrestre d'une sueur sacrée, semons-y nos pensées et nos œuvres, sachons préparer les récoltes, et attendons leur levée en échenillant en nous les instincts de l'égoïsme.

VIII.

D'UN MOUVEMENT DANS LES ÉTUDES HISTORIQUES QUI VIENT A L'APPUI
DES EFFORTS POUR LA RECONSTRUCTION D'UNE SOCIÉTÉ NOUVELLE.

Tout ce qui tend au niveau est matériel par son génie même, et manque nécessairement aux premières conditions du cœur et de l'intelligence. La science *nivelle*, car elle a pour but la matière et

les forces de la matière, qu'elle tend à pénétrer pour les comprendre.
Elle s'occupe de leur exploitation dans un but de richesse générale au
profit de l'Etat, ou de richesse privée au profit des particuliers. La
religion, la philosophie et la jurisprudence ne nivellent rien, mais
elles reconnaissent à toute créature intelligente des qualités propres
qui ne permettent pas de viser à son uniformité. La niveler serait
l'éteindre. Ce qu'elles cherchent dans l'*égalité* sagement entendue, ce
n'est pas le *niveau,* c'est l'*équité.* Il faut que chacun reçoive selon la
mesure qui lui est propre. L'identité en fait de cœur et d'esprit
serait pire que la mort, pire que l'anéantissement de l'individu, pire
que l'effacement de l'ordre social pour ainsi dire ; car ce serait le
comble du faux, la souveraine injustice. On ne tiendrait compte d'aucun des dons de la nature, inégalement distribués dans l'espèce humaine ; on mettrait la loi mathématique en toute chose sans y
introduire l'harmonie qui la corrige ; on ne parviendrait à aucun
équilibre de forces vivantes.

Telle est la vraie raison pour laquelle le génie qui avait dicté l'*Essai
sur les mœurs* à Voltaire, qui avait imaginé le *Contrat social* par la
plume de Rousseau, et qui légua à la Révolution son véritable évan-
gile, l'ouvrage de Condorcet sur le progrès de la civilisation par la voie
exclusive des sciences physiques et mathématiques, fut si diversement meurtrier pour l'espèce humaine. Voltaire persiflait l'homme,
constamment dupé et toujours dupant ; Rousseau avouait son impuissance à se constituer sérieusement sur un modèle de justice absolue en dehors de l'état sauvage, et Condorcet remplaçait l'autre
vie par la prolongation scientifique de l'existence humaine en ce
monde au sein de prospérités croissantes. L'histoire de Voltaire n'est
que de l'Anecdote, celle de Rousseau n'est que de l'Anarchie, celle
de Condorcet constitue le Matérialisme. Le premier enfanta la Révolution par en haut, le second par en bas, et le troisième chercha une
conciliation entre les deux contraires.

Si nous exceptons les hommes à regret du passé, désarçonnés par
la Révolution, nobles, prêtres, magistrats et quelques autres encore
qui avaient perdu un reste de priviléges sans force et sans dignité,
mais qui jouissaient des douceurs de la fortune, la réaction contre
l'esprit de la Révolution et le système de l'Empire ne fut nulle part
et en aucune façon dans le sens d'un *passé* d'aucun genre. Elle se
prononça partout dans le sens d'un *avenir.* C'est à cet avenir que
deux puissances également formidables barraient le passage. L'une
était celle du niveau révolutionnaire, formulé en démocratie radicale sous le nom de Souveraineté de Tous. C'est ce que les anciens
désignaient comme ochlocratie ou comme empire de la foule ; régime
des masses aveugles et imprévoyantes, sujettes à d'effroyables mor-

talités au physique comme au moral. L'autre de ces puissances formait l'absolutisme administratif, érigé en souveraineté abstraite de l'Etat, et qui possédait le remède contre la domination des masses. L'humanité restait ainsi stagnante entre les alternatives d'une anarchie sans but et d'un despotisme sans fin. Mais comme il n'y a pas d'avenir sans passé, car il n'y a pas de vol sans élan, la réaction qui se forma contre ces deux puissances dut nécessairement avoir un sens historique et philosophique à la fois. Il s'agissait de défaire l'homme de Voltaire, de Rousseau et de Condorcet pour refaire un vrai homme. Je laisse un moment de côté le mouvement de la réaction en religion et en philosophie, car j'aurai à y revenir, et je ne m'occuperai que de celui qui se rapporte à l'histoire. Ce fut le mouvement des études historiques surtout qui marcha parallèlement au développement du gouvernement représentatif, tentative puissante quoique avortée, pour revenir au mouvement historique et historiquement progressif de l'espèce humaine.

La soif des études historiques, et par cela même *évolutionnaires* de l'esprit humain et de la société humaine, le contraire donc des appétits *révolutionnaires*, cette soif trouva d'abord à s'étancher dans les universités de l'Allemagne. L'histoire proprement dite n'a eu que deux vrais représentants au xviiie siècle, Gibbon et Jean de Muller ; Gibbon gâté par la philosophie de Voltaire, et Jean de Muller plus politique que philosophe, hommes diversement éminents par la science, mais sans action sur les esprits. Herder se distingue à part, en ce qu'il est le seul qui ait ébauché une philosophie de l'histoire, œuvre qui a porté fruit par la semence des idées qu'elle renfermait dans son sein. Aussi est-ce par lui seul que l'idée de l'histoire est devenue autre que par le passé. Au lieu d'être une *Annale* comme chez les Latins, une *Politique* comme chez les Grecs, ou une *Chronique* comme au moyen âge, elle a revêtu un caractère multiple. Théologique, philosophique et de haute jurisprudence tout ensemble, sans cesser d'être politique, elle s'est ainsi rapportée aux croyances comme aux opinions des hommes, aux mœurs privées comme aux mœurs publiques des peuples. Seule florissante chez Machiavel comme chez Montesquieu, la Politique ne pouvait être que le couronnement, que le dernier mot de cet ordre d'études.

Il ne s'opère presque jamais un grand mouvement dans les esprits, surtout s'il embrasse un certain espace et un certain temps, sans qu'il n'ait en soi quelque chose de providentiel, c'est-à-dire de divin, qui se rapporte à la direction d'une aiguille aimantée dans le cœur ou dans l'esprit des hommes. Aux temps dont la physionomie nationale est arrêtée dans un cercle important mais restreint, appartiennent les Xénophon et les Thucydide, partiellement encore les Polybe et les Tite-Live. Quand les époques sont funestes et qu'elles exigent de sévères enseignements, les Tacite et les Machiavel sont de mise. Les peuples qui ont hissé le pavillon d'une grande nationalité peuvent se mettre avec des Robertson ou avec des Mac-Aulay en poupe de leurs destinées. Nos jours ont d'autres réclames sur le continent. Nous vivons dans un milieu révolutionnaire faux qui poursuit une utopie d'égalité contraire au génie le plus intime des peuples, car elle est radicalement contraire au génie de l'espèce humaine. Nous vivons également dans un milieu administratif qui nous prive de tout mouvement propre, qui nous relègue dans la sphère exclusive de nos intérêts privés, qui nous empêche d'être citoyens, de faire preuve de virilité comme membres d'un corps de nation doué d'esprit public. Voilà pourquoi le mode historique du passé ne saurait plus nous satisfaire. Il y a un besoin absolu pour l'homme de se reconquérir lui-même, de sortir des landes où le force à brouter l'orgueil de deux systèmes absolutistes contradictoires et dont cependant l'un est forcément au bout de l'autre. Pour cela il faut qu'il apprenne à se connaître doublement, comme être religieux et comme être social. Il lui faut aller aux sources, creuser aux puits du vieil orient et du vieil occident, creuser au nord et au midi. Il lui faut prendre toutes les dimensions de l'espace, toutes les dimensions de l'esprit et du cœur humain, et cela à toutes les époques de la tradition et de l'histoire. Oui, nous sommes appelés à nous rendre compte de tout l'homme ; de l'homme sauvage, de l'homme barbare, de l'homme civilisé, de l'homme de toutes les zones et de tous les climats. C'est un besoin si urgent pour l'esprit humain, un besoin si puissamment donné dans le mouvement du temps présent, qu'il a rencontré une science toute nouvelle sous ses pas. La philologie comparée devient une nécessité européenne. C'est l'étude approfondie et le grand classement des familles de langues qui se partagent le genre humain, pour nous offrir la clef de ses pensées et de ses sentiments, depuis le premier battement de la Psyché naissante jusqu'au moment de l'entier déploiement de ses ailes.

Il eût été impossible de donner aux études cette direction sous le feu de l'action de la propagande révolutionnaire et lorsque l'Institut de France dicta des lois à l'esprit humain. Cependant il n'y a pas de coups de théâtre en matière d'intelligence ; nul sifflet ne fait lever ou tomber le rideau pour masquer ou démasquer la scène où se joue le drame de la pensée. Il existe toujours quelque signe précurseur de ce qui doit être. Le réveil des sciences historiques dans toute l'étendue que nous venons de signaler se préparait dans cette Allemagne qui n'a pas d'histoire unique comme la France et la Grande-Bretagne, comme l'Espagne et le Portugal. L'empire germanique embrassait des peuples trop hétérogènes pour cela, et les princes germaniques s'étaient constitués trop à part de l'empire. De là résultait facilement un certain désintéressement scientifique qui rendait l'Allemagne particulièrement apte aux travaux préparatoires qui devaient aboutir à une philosophie de l'histoire dont l'avenir avait un besoin urgent.

Le même esprit d'investigation sur le sol de l'antiquité classique et orientale, parut en défrichant un autre domaine, celui des origines des peuples de l'Europe moderne. Ici tout était à faire. Le moyen âge agissait naïvement et n'avait pas conscience de soi ; la Renaissance réagit dédaigneusement contre le moyen âge, et le dernier siècle engloba dans le même dédain le siècle de la Renaissance, qui était aussi celui des disputes théologiques et des guerres de religion. Il n'y eut que Leibnitz qui eut, dans son temps, le sentiment vif de l'importance de toutes les origines et de tous les mélanges des peuples. Herder en avait compris le sens humain de civilisation et de pure culture. Prédécesseur des frères Grimm, et s'appuyant sur les recherches de Justus Moeser, grand patriote allemand réactionnaire contre l'esprit encyclopédiste du dernier siècle, Eichhorn et son école ouvrirent la marche pour le passé de l'Allemagne. Toute la Scandinavie d'abord, les pays slaves ensuite, la Pologne, la Bohême, la Russie, jusqu'à la Servie, imitèrent cet exemple. Le feu sacré gagna les Finnois et les Madgyars. Il réagit successivement sur les sentiments politiques de la Hollande et des Pays-Bas ; ce fut partout un réveil à la rescousse contre les prétentions de la Révolution et de l'Empire. L'Italie elle-même fut arrachée à sa léthargie et d'importants travaux parurent à Milan, à Turin, à Naples, à Palerme. Revenue de ses préoccupations militaires et industrielles, la France entra glorieusement dans ce mouvement par les travaux de MM. Guizot et Augustin Thierry, qui eurent tout l'honneur des initiatives. L'influence de leurs études devint pour ainsi dire un complément et un auxiliaire nécessaires au gouvernement représentatif.

En ouvrant les mers, la chute de l'Empire français révéla pour ainsi dire le monde au monde. L'Orient et l'Afrique redevinrent féconds pour la vieille Europe d'une manière inattendue. La Chine, l'Egypte, la Perse, l'Inde, plus récemment l'Assyrie, la Babylonie, la Phénicie, la Judée et le grand monde de l'Islam nous ouvrirent leurs flancs. Plus les destinées de l'Orient se rapprochent des destinées de l'Occident, plus ces études croissent en avenir et en importance.

Je m'arrête ; car ce sujet prête, à cause de sa richesse inouïe, à un grand débordement. Ici je n'insiste que sur ce seul point : cette réhabilitation de tous les peuples, de tous les passés de l'esprit humain et de l'histoire humaine est le démenti le plus complet qui ait été offert aux maximes fondamentales de la Révolution et de l'Empire.

IX.

D'UNE RÉACTION PHILOSOPHIQUE INTRODUITE DANS L'ENSEMBLE DES SCIENCES DE LA NATURE AU TEMPS ACTUEL.

La religion fut toujours la séve montante dans le jeune plant de la société naissante. Du foyer de la famille comme du foyer de la cité chez les païens, elle passa à leur état politique et civil. De la tente patriarcale d'Abraham, elle progresse à l'empire d'Israël, comme de l'existence nomade du Bédouin au régime des khalifes. Trouvant la famille et la cité comme l'Etat partout organisés, le christianisme les purifie et finit par s'allier à l'empire des Germains, établissant la *distinction*, non pas la *séparation*, l'*harmonie* non pas l'*antagonisme* de l'État et de l'Église. Les raisons de ce phénomène religieux ne sont nulle part ailleurs que dans la portion divine de notre conscience, dans les nécessités du cœur et de l'esprit, partant de la nature humaine, toutes choses si grossièrement méconnues par la philosophie matérialiste du xviiie siècle et si peu comprises par son déisme et son rationalisme même.

Il y a une philosophie inséparable de la religion comme de la politique. Elle est cachée en toute chose, comme la poésie, comme l'art sont cachés à leur manière dans les replis les plus intimes du cœur et de l'esprit humain, avant de s'y distinguer et de s'y reconnaître, avant de faire explosion et de s'individualiser. Lorsque la philosophie fit son apparition distincte dans les écoles, et que l'art et la poésie commencèrent également par se constituer à part dans l'ordre social, ils s'établirent d'après leurs modes de pensées et de sentiments. Ils paraissent longtemps encore en se formulant sur le type de la religion, avec des formes de culte à part. Pareille chose leur arrive sur le type de la société sur lequel ils s'organisent. Ils forment de vraies écoles, qui ont chacune sa hiérarchie et ses grades, chacune ses années d'apprentissage et d'épreuves, chacune la rigueur de sa discipline, les obligations de son ascétisme. Isolées du reste de la société, ces écoles de philosophes sont consultées et recherchées dans leur solitude; mais elles n'entrent pas encore dans ce qu'on a appelé depuis le monde.

Le vieil Orient, chez les païens et les juifs, le nouvel Orient, chez les musulmans, la vieille Grèce d'avant les sophistes, tout le moyen âge européen nous montrent cet état de la philosophie et de l'art. Il n'est pas encore absolument brisé du temps de la Renaissance et par la rénovation des études.

C'est tout le contraire quand l'école est dissoute, que la discipline manque, que les philosophes se mêlent au monde, que les poëtes y courent comme les artistes. Tout cela est en exacte correspondance avec l'amoindrissement de la vie de famille et le rapetissement de la vie publique. Tout s'individualise à la fois dans les rangs politiques et les rangs lettrés de la société. Les philosophes et les poëtes, pénétrant du même pas dans le monde, y forment une classe lettrée. Les membres de la famille disloquée et les hommes de la vie publique et politique, évincés de leur ancienne attitude, se donnent un rendez-vous à leur rencontre. C'est ce que l'on appelle dorénavant le Monde ou la Société. Par ce contact préparé sous les conditions sociales que je viens de signaler, l'action du rationalisme péripatéticien s'est développée dans l'antiquité, ainsi que celle du scepticisme de la Nouvelle-Académie et du matérialisme des épicuriens. Les seuls stoïciens firent bande à part. Leur part d'influence de penseurs et d'écrivains ne se borna pas seulement au discours des hommes; elle pénétra très-avant dans la législation et dans les maximes d'État, à part son influence sur la vie privée et les mœurs.

Depuis l'influence de Locke sur le continent de l'Europe jusqu'à l'extrême aboutissant de sa théorie dans l'idéologie des membres de l'Institut, lois et jurisprudence, maximes de gouvernement et d'État, et non pas seulement les mœurs privées, les pensées et les sentiments se colorent de cette philosophie dans le courant du xviiie siècle et de la Révolution française.

On arriva ainsi, nous l'avons vu, à une *impasse* absolue de la pensée et du sentiment où le progrès n'était plus possible que par la science, qui se traduisit pratiquement en administration et en industrie. Cela pouvait se maintenir sous la durée d'un empire guerrier qui aspirait au renouvellement d'un empire romain, malgré des conditions de culture chrétienne et avec une variété de peuples émancipés qui rendait la durée de cette tentative impossible. Napoléon tombé, ce système devait tomber, car il se résumait dans le caractère d'airain d'un seul homme.

Au fort de la Révolution même, Kant et Fichte agissaient comme stoïciens sur les universités de l'Allemagne, triple pépinière de ses théologiens, de ses magistrats et de ses administrateurs. La Révolution y fut ainsi enlevée à Voltaire et à Rousseau, à Condorcet et aux idéologues ses amis et ses disciples. Ce n'était plus le déisme de Locke, le déisme rationaliste, mais un déisme transcendant; il n'était plus fondé sur le raisonnement, mais sur la toute-puissance de la conscience de nouveau invoquée. Ce n'était ni une religion ni un culte, mais ce n'était pas davantage une représentation théâtrale, une fête de l'*Etre Suprême,* une église de théophilanthropes. C'était un premier et grand pas de fait qui pouvait aboutir tout droit ou au Christianisme ou au Panthéisme.

C'est ce qui arriva exactement. De Fichte sont issus les Schlegel et les Novalis, dont le premier embrassa le catholicisme, l'autre le piétisme des Frères Moraves; mais de Fichte sortit aussi Schelling, qui fut le père de Hégel. Schelling fonda une nouvelle *philosophie de la nature*, appuyée de la poésie de Goethe, et qui battit en brèche tout l'édifice de l'idéologie adoptée par les grands astronomes, les grands physiciens, les anatomistes et les médecins de l'Empire. Dès lors le panthéisme mina progressivement le matérialisme par toute l'Europe, dans le domaine des sciences naturelles.

Voici ce qu'il y avait derrière cette révolution opérée au sein des sciences physiques et mathématiques. L'orgueil scientifique de l'Institut de France, marchant au secours du génie administratif de Napoléon, venait de subir un échec qui ne lui permettait plus de tenir le premier rang, en accablant l'ordre social des principes de sa domination. En effet, le monde de la pensée ne sortait plus à lui tout seul du monde de la sensation; le monde moral ne relevait pas à lui tout seul de ce dernier monde transformé en monde de la pensée. Il n'était plus le résultat calculé du système de la pure expérience; il n'était plus fondé sur l'observation que la passion doit être contenue pour ne pas devenir mortelle. La morale n'était plus une théorie expérimentale fondée sur l'utilité privée et sur l'utilité publique, garantie par une police d'État et de gouvernement. Les gendarmes et le ministre de la police n'en étaient plus les seuls garants. Ré-installée par l'Empire comme moyen de police pour le maintien des masses, toujours portées à la superstition, en dépit des progrès de la science et de celui des lumières sociales, la religion n'était plus une simple succursale de la police. Le panthéisme, cette mysticité de la nature, cette religion de la nature qui aboutissait à une âme du monde et méconnaissait le Dieu-Homme, le Dieu de la conscience, le Dieu de la liberté et de la responsabilité des œuvres, le panthéisme ébranlait tout le fondement d'un système négatif de tout instinct comme de toute inspiration.

Son action ne se fit pas longtemps attendre. D'une part, nous avons assisté en Europe à la renaissance d'une philosophie chrétienne, d'une poésie chrétienne, d'un art chrétien, d'une histoire contemplée du point de vue du christianisme. Mais nous en avons aussi eu la contre-partie dans une philosophie panthéiste, une poésie panthéiste, un art panthéiste, une histoire contemplée du point de vue du pan-théisme. Nous allons voir maintenant à quelles sortes de phénomènes sociaux tout ce panthéisme a correspondu, et ce qu'il nous présage dans l'avenir.

X.

DE L'ACTION DU SOCIALISME ET DU COMMUNISME SUBSTITUÉE A CELLE DE LA RÉVOLUTION.

A part la destruction de l'ancien régime, la Révolution était une démence, si nous voulons y voir un système politique. Elle avait pour but d'organiser une démocratie absolue comme société et comme gouvernement. Il devait en résulter une *ochlocratie*, ou un empire de la foule, si on voulait l'interpréter dans le sens de Rousseau et de Robespierre, une *oligarchie* scientifique et industrielle, si on voulait l'ordonner dans l'esprit du progrès imaginé par Condorcet. Au bout de la première de ces tentatives était le néant, et au bout de l'autre l'autocratie d'un seul homme. Je dis que le système politique de la Révolution était une démence ; je ne dis pas que ce fût une *utopie*. C'était une démence parce que c'était un extrême ; ce n'était pas une utopie , parce que c'était *partiellement réalisable*.

Quand la désillusion vint avec l'Empire, et que le voile tomba des fictions révolutionnaires, l'état vrai des choses vint à poindre. C'était une aurore d'un jour de déclin et non pas un crépuscule du soir, gros d'un lendemain. Les ombres de ce jour devaient cependant grandir avec les méfiances de l'avenir. Au lieu d'un *niveau* qui est antipathique à la nature humaine comme le *vide*, on eut la distinction radicale entre la richesse et la pauvreté pour expression des nouvelles conditions sociales. La proportion n'était pas encore rompue toutefois entre les riches et les pauvres, et l'*aurea mediocritas* occupait encore un vaste espace dans l'existence. Cependant on pouvait prévoir dès lors qu'elle ferait son temps ; la science progressait avec l'industrie et nécessitait de deux choses l'une. La direction de l'Etat, comme maître de la science et de l'industrie, se trouvait d'un côté : c'eût été la pléthore, suivie d'une apoplexie foudroyante, s'il n'eût pas voulu renouveler l'empire chinois, ou le régime de Memphis, celui de Thèbes, de Ninive, de Babylone , s'il ne fût pas tombé dans la condition du *panem et circenses* de l'empire romain. De l'autre côté se trouvait la concentration des capitaux entre la main de la banque, des compagnies financières et de la haute industrie : c'eût été entraîner infailliblement le petit commerce dans *la clientèle* et finalement dans l'absolue dépendance des matadors de l'or et de l'argent. La classe ouvrière eût passé de même tout entière au service de la fabrique. Il y aurait eu là, avec le temps, une absorption parallèle à celle de l'État qui asservit fatalement un peuple

de fonctionnaires. Machiavel et Jean de Muller, comme les hommes
d'État de l'Amérique ou de la Grande-Bretagne, eussent infailible-
ment prévu cet état de choses; il était entièrement en dehors de
la portée du coup d'œil des révolutionnaires pur sang, aussi bien
des disciples de Voltaire que des disciples de Rousseau, des savants
de l'Institut que de la masse des avocats. J'ignore si le grand empereur y eût porté sa prévision, mais cela devait lui être naturel et
facile. Ses projets européens l'empêchèrent toutefois de scruter le
fond des choses; il y eût certainement découvert le défaut de la
cuirasse dans tout son système.

Quand tout prit un gigantesque essor par toute l'Europe à la
chute de l'Empire, que les esprits s'émancipèrent à nouveaux frais,
que le monde fut rouvert au monde, l'Angleterre dut se récupérer
aux frais de l'Europe des sommes qu'elle y avait versées pour soutenir
la lutte contre la Révolution et l'Empire. La science lui vint en aide.
Assistée de la politique, elle l'entraîna à accomplir ces chefs-d'œuvre
de la mécanique qui ont graduellement forcé et forcent en une progression de plus en plus inouïe les grands peuples du continent à
substituer l'action des machines à celle des hommes. C'est mécaniser
l'esprit humain lui-même dans l'emploi qu'on lui laisse au service
de ces mêmes machines. Tout à coup se révéla au sein du monde
nouveau un principe qui fit entrer l'esprit des temps dans une nouvelle phase, réclamant les solutions de l'utopie par la bouche du
socialisme et du communisme.

Tel est donc le fait capital de l'Europe actuelle, spécialement en
France et en Allemagne. L'Angleterre porte un remède dans son
propre sein : elle peut se donner une expansion dans le monde entier, but de sa politique, et elle a de quoi surmonter ses difficultés
sociales dans sa constitution même; il n'en est pas ainsi du continent.
Par suite de l'action de la science sur l'industrie et de l'industrie
sur la prospérité des hommes, il s'est accompli un empire redouta-
ble de l'homme sur les éléments, et une réaction dangereuse des
éléments sur l'homme. D'une part, les machines deviennent le levier de toute l'industrie humaine; d'autre part elles établissent des
moyens de communication entre les peuples qui effacent les plus
larges distances. De là une activité industrielle qui a tous les caractères d'une fièvre des plus intenses. Cette activité donne des
moyens de paix et de guerre, de prospérité et d'anéantissement
inouïs dans les fastes de l'espèce humaine, de sorte qu'il peut en sortir deux forces qui agissent en sens contraire. Il peut en sortir la
puissance des armées ou celle des compagnies financières. La *bourse*
et la *caserne* sont également aptes à précipiter à l'infini les destinées
de l'espèce humaine.

De cet état de choses, hors de toute proportion avec les prévisions les plus étendues de la puissance humaine, naît la facilité, je ne dis pas la probabilité, des plus grandes catastrophes au sein des plus grandes prospérités. Ce ne sont plus ici des factions qui se disputent le pouvoir; c'est le cri de la faim s'ajoutant à la soif de l'or; c'est une ivresse d'or sans précédent et sans égale. On voit qu'il s'agit d'un changement radical dans la condition matérielle de l'existence des corps de nation. Comment s'étonner que l'utopie soit venue ressaisir un empire qui lui avait échappé depuis l'époque des quakers et les jours des anabaptistes? La seule distinction est dans le caractère de l'utopie même. L'utopie religieuse ambitionnait un gouvernement d'inspiration pure ; elle voulait atteindre à la domination d'un Esprit Saint, d'une *âme de la sainte humanité* par contraste de l'*âme du monde*. L'utopie industrielle aspire à un Eldorado terrestre ; l'âme du monde y remplace l'âme humaine. Elle répand l'or et la félicité à grands flots dans les veines de l'ordre social, sanctifiant la chair et matérialisant l'esprit, inaugurant une nouvelle religion que l'on prétend imposer au nouvel ordre social. On cherche à réaliser sur terre un paradis terrestre d'ouvriers sous la forme communiste. Les plus avisés pensent à un principe moins populaire et moins inspiré, mais plus scientifique. Ils prétendent ordonner la société sous la forme de l'Etat imaginé par le socialisme.

J'ai dit ce qui *est ;* voyons maintenant ce qui *pourrait être.*

XI.

DE L'ACTION DE LA RELIGION SUR LE SIÈCLE.

On se demande de prime abord : quelle est la position, quelle peut être l'attitude de l'Eglise chrétienne et catholique en face d'un état aussi grave et aussi compliqué des choses?

Au dernier siècle il y avait *déchéance* complète de l'esprit catholique dans les pays catholiques, de l'esprit protestant dans les pays protestants ; quand je dis déchéance, voici ce dont il s'agit. C'est-à-dire qu'en face de la philosophie dominante du xviiie siècle et dont la France était la métropole, comme en face de la science dominante sous la République et sous l'Empire l'action de la religion périssait dans les masses et s'était retirée des hauts rangs de la société lettrée et politique. La classe moyenne achevait alors son apprentissage d'esprit fort et de lumières du siècle. Le Christianisme n'est redevenu une force agissante sur l'ordre social que par suite de la triple réaction contre le xviiie siècle, la Révolution et l'Empire. Le Concordat qui le réinstallait dans la France officielle était à l'adresse des masses. Cette religion officielle figurait dans les pompes de l'Empire et l'empereur y voyait une police d'État. Quand M. de Châteaubriand jeta un défi au siècle en prouvant les *Beautés* du Christianisme sous les points de vue de l'art et de la poésie, honorons le bien qu'il a fait, mais avouons aussi que ce n'était là que le très-petit bout de la chose chrétienne. M. de Bonald fut plus dogmatique, mais en inféodant le système de l'Église catholique au système de la monarchie de Louis XIV, comme à son expression sociale absolue et uniquement véridique, le pouvoir pouvait le prendre au mot, faire de sa politique une religion et placer la religion au premier rang des grandes étiquettes de l'État, sans rien dire aux esprits et sans convertir les cœurs. Cela rappelait un peu trop la *religion du roi*, imposée aux Protestants par la *volonté royale* sous le commandement de Louis XIV, au lieu d'y entrer par la grâce de Dieu.

M. de Maistre fut le premier à agir en France sur l'esprit public, en lui présentant l'intime union de l'Église avec l'ordre privé et l'ordre public en dehors des considérations d'une politique purement locale et nationale. Il fit plus, il montra la religion aussi philosophique par sa théologie que politique par son gouvernement; il la signala en outre dans son universalité, ou dans son alliance intime avec tout l'ensemble du cœur et de l'esprit des hommes. Sous ce dernier point de vue, Frédéric Schlegel eut l'avantage sur le comte de Maistre. Il agrandit la sphère et la portée des idées chrétiennes aux yeux du monde instruit; il les montra s'étendant sur tout l'ensemble de la pensée humaine, sur tout l'ensemble de la science et des arts, sur la configuration pour ainsi dire de l'esprit humain, telles qu'elles éclatent dans les mouvements de l'histoire universelle.

Le même esprit d'investigation historique, animé des mêmes causes, qui s'était porté en Allemagne sur la compréhension du passé de l'humanité, se porta naturellement et du même coup sur le domaine de l'Église. Les Pères furent étudiés de nouveau et placés dans leur vrai cadre historique. La scolastique eut son tour et fut approfondie historiquement, philosophiquement et théologiquement tout ensemble. Le gouvernement de l'Église fut apprécié dans l'antiquité comme au moyen âge, et jusqu'à l'époque de la paix de Westphalie qui suspendit son action politique dans les conseils des rois et les gouvernements des peuples. Il faut le dire pour rendre hommage à la vérité, ce furent des Protestants allemands qui eurent en tout ceci, même *catholiquement parlant*, les plus honorables initiatives : Voigt, auteur de *Grégoire VII*, Hurter, d'*Innocent III*, Ranke par une équitable appréciation du Pontificat dans le courant des guerres de la Ligue et de la Réforme, Néander enfin par une foule de savantes monographies sur les saints et les martyrs. Les savants catholiques de l'Allemagne vinrent à la suite de ces bons exemples. Jean de Muller avait du reste ouvert la voie dans son curieux opuscule sur les *Voyages des Papes*, et cela du temps où le pape Pie VI se rendit à Vienne pour rappeler l'empereur Joseph à la justice que le désir de flatter son époque lui avait fait méconnaître ; les Bourbons de France, d'Espagne et de Naples, les rois du Portugal et du Piémont remportant alors de bien tristes triomphes sur une papauté impuissante à se défendre. Leibnitz en avait déjà fait le reproche à Louis XIV, qui s'était mis à la tête de cette croisade.

Les signes du temps en faveur de la religion embrassèrent un plus grand terrain depuis la chute de l'Empire jusqu'à l'époque actuelle ; mais ce n'est pas tout que de signaler leur ascendant et leur progrès, il s'agit aussi de reconnaître les obstacles.

Je commence par déclarer que je ne place pas les obstacles les plus redoutables dans les adversaires ou dans les ennemis de la cause catholique, dans les Protestants, dans les incrédules, dans les sophistes. On ne périt par ses ennemis que quand on est faible, et on n'est faible, lorsqu'on a la cause de la vérité pour soi, que lorsqu'on ne sait pas la soutenir par les bonnes armes. Je mets ici le clergé tout à fait hors de cause. Les grands scandales du passé n'existent plus. Le clergé, en France surtout, et de plus en plus dans le reste de l'Europe, a une conduite exemplaire ; les Sœurs de charité accomplissent une mission divine, ainsi que les aumôniers dans les hôpitaux et sur les champs de bataille. Il n'existe pas de classe d'hommes plus dévouée dans toute l'Europe au bien public, et le clergé de France est à la tête de ces nobles œuvres. Cependant on peut faire le bien avec une âme héroïque et manquer de la connaissance de l'état réel des choses ; on peut se laisser étourdir par le bruit de voix irréfléchies, qui, prenant acte d'un mouvement religieux très-sérieux de notre époque, se croient les maîtres du présent et de l'avenir et poussent des cris de triomphe. Parce que des hommes savants, ingénieux et habiles dans le monde catholique et protestant, parce que des historiens honnêtes, mais peu zélés pour la cause de l'Église et souvent directement hostiles, comme le docte Gervinus, ont déserté les routes de l'ignorance, qu'ils ne répètent plus à satiété les dires du XVIIIe siècle, qu'ils n'ont plus les préjugés contre le moyen âge qui datent du temps de Louis XIV, que les moins chrétiens d'entre eux ont su rendre au besoin témoignage à la vérité dans leur jugement sur le passé de l'Église, est-ce à dire que nous voguons en plein catholicisme ? Est-ce à dire encore que, sans avoir le droit de parler sur le moyen âge par aucune étude sérieuse, on se mette à le vanter exclusivement et outre mesure, à le proposer pour *type d'imitation* à notre siècle ? En légitimant de criants abus, on fait exactement ce qu'ont fait les Voltairiens tout en tenant un autre langage ; on déclame pour le moyen âge comme les autres déclamaient contre. Parce que de grands esprits, parce que les Bossuet et les Fénelon, les Pascal et les Descartes médisaient d'un passé qu'ils ignoraient et pour lequel on se passionne aujourd'hui sans l'approfondir, il ne faut pas les blâmer pour les imiter. Il ne faut pas puérilement méconnaître la Renaissance et le xviie siècle, ni même apprécier à faux les temps modernes. Refaire du moyen âge, comme d'autres voudraient refaire de l'antique est une œuvre vaine. Nous en connaissons le résultat. C'est de rendre un restant de vie à des ombres, de ressusciter des Voltairiens posthumes, morts avec les jacobins. C'est faire violemment grimacer ces morts en dehors de leurs tombes. Il ne faut pas s'y tromper, il y a bien des gens intellectuellement morts qui se portent physiquement très-bien et qui en temps d'émeutes pourraient en assommer d'autres. Les morts de la Terreur ressusciteraient ainsi côte à côte avec les morts de la Saint-Barthélemy et je ne connais pas bien ceux auxquels cette résurrection serait le plus profitable.

Que l'on se calme donc si cela est possible, et que l'on ne nous donne plus ce spectacle prolongé de ferrailleurs du passé, qui cherchent à se souffler des cendres au visage les uns des autres. Douceurs de l'inquisition d'Espagne et douceurs de Comités de Salut Public, Saint-Barthélemy et bûcher de Servet, échafaud de Giordano Bruno, quelque pervers qu'il fût par sa doctrine, et échafaud de Thomas Morus, digne et vertueux homme, dragonnades de protestants et massacres d'Irlandais, tout cela devrait reposer dans une fosse commune. Unir la crosse à l'épée pour conduire les peuples à la foi comme on conduit un troupeau, doucement s'il pâture suivant l'ordre, avec le bâton ferré s'il s'avise de raisonner, cela n'est plus de mise dans les destinées humaines. D'autres hommes à système ne réussiront pas davantage à soumettre l'Église à l'État, à avilir le sacerdoce pour en faire un instrument de pure police sociale. Les temps philosophiques ne reviendront pas davantage, où l'on riait d'un fou rire à l'Institut de France lorsque Bernardin de Saint-Pierre osait y balbutier le nom de Dieu, et encore en le déguisant sous le titre de l'*Être-Suprême*.

Au lieu de ces combats à faux où l'on rappelle, à tort et à travers, tous les mots du passé qui se terminent en *isme*, ultramontanisme et gallicanisme, jésuitisme et jansénisme, mots du passé déplacés dans le présent, où leur signification change et se modifie par suite du changement et de la modification de la société, que l'on voie ce qui *est*, que l'on voie ce qui *peut être* et ce qui *sera* sous telle ou telle condition favorable à la catholicité. Chacun peut y apporter son contingent de force et de volonté, l'ascendant de son caractère et la sagesse de sa conduite. Que tous les passés nous servent de leçons! Etudions-les, apprécions-les, profitons-en autant qu'il nous est donné de profiter de quelque chose, mais ne nous les jetons plus à la tête en vaines et oisives paroles. Le présent est assez grave et ses solutions sont assez importantes pour que nous agissions sans récriminations bâtardes, pour que nous en fassions un objet de nos pensées assidues, sans nous y mêler comme des vieillards moroses, sans contrefaire les enfants naïfs, sans les invectives des uns, sans les ridicules battements d'ailes des autres.

Si nous exceptons les temps de cataclysmes absolus, où Dieu marche seul par les escadrons des conquérants et au pas de charge des barbares ; où il frappe sur un monde asiatique avili, par le bras d'un Alexandre ; sur un monde grec affaissé, par le bras d'un César ; sur un monde romain énervé, par le glaive d'un Attila ; sur un monde Arabe déchiré dans l'Orient, sur un monde slavo-germanique divisé dans l'Occident, par un Dshinghis-Khan et un Tamerlan ; où il noie tout un siècle temporairement sous le flot irrésistible d'une propagande révolutionnaire, et où il faut l'adorer dans ses jugements accomplis tout en résistant à l'injustice et à la tyrannie, dût la perte être infaillible ; — excepté ces grands cas de jugements divins, la possibilité nous est donnée de surmonter les difficultés d'une mauvaise situation, sinon pour nous, du moins pour nos descendants. Il s'agit de la droiture de nos cœurs, de la loyauté de nos esprits, de la justesse de nos jugements, de la dignité de nos caractères. Partout où Dieu ne tonne pas directement, sa voix parle d'un bout de l'histoire à l'autre : *Aide-toi, le Ciel t'aidera.*

L'homme a donc toujours un pouvoir donné, même dans son impuissance plus apparente que réelle. Il est vrai qu'il ne peut rien avec un esprit eunuque ; mais qui a jamais prétendu dire qu'un eunuque fût un homme? Or, quels sont les deux grands signes du temps contre lesquels l'esprit religieux doit lutter d'une façon, auxquels il doit participer ou se mêler d'une autre? L'un regarde la vie matérielle des peuples et les conditions de leur existence temporelle ; il est amené par l'état de l'industrie au sein des richesses comme au sein de la pauvreté, chez les puissances d'argent comme chez les classes ouvrières. L'autre regarde l'état des esprits et les intérêts de l'intelligence ; il se rapporte à l'état actuel de nos sciences et de nos connaissances ainsi qu'à la philosophie qui s'y mêle. La politique proprement dite appartient à un autre ordre de choses sur lequel l'esprit religieux n'a pas prise directe, mais son action sociale et intellectuelle n'en est pour cela affaiblie en aucune manière.

Il faut adopter les choses qui sont et ne pas s'en arracher les cheveux d'une façon ridicule; pas de réclamations ni de regrets inutiles! L'état de l'industrie étant donné avec ses extrêmes grandeurs et ses extrêmes misères, que peut la religion sur l'esprit des riches et des pauvres, et comment peut-elle chasser de leur cœur une double corruption? Tel est le premier thème. L'état des sciences physiques et mathématiques étant donné sous les conditions de la vie actuelle des peuples et des empires; l'état des sciences philosophiques et historiques étant donné au moyen d'instruments nouveaux d'instruction, par le canal d'une science philologique d'un nouvel ordre, d'une critique agrandie et plus pénétrante que celle d'autrefois, d'une critique apte à embrasser tous les âges des hommes, depuis les temps les plus reculés jusqu'aux époques les plus modernes, dans toutes les zones, sous tous les climats, dans tous les hémisphères, remettant le passé à neuf pour que l'homme redevienne la conquête de l'homme, pour que l'ascendant gigantesque de l'industrie trouve son équilibre dans un ascendant non moins gigantesque de l'esprit humain; tout cela étant bien reconnu, bien mesuré, bien approfondi dans tous ses dangers comme dans tous ses avantages, que peut l'esprit religieux pour s'en emparer? C'est là sa mission, son droit et son devoir. Que peut-il pour le pénétrer et le comprendre? Tel est l'autre thème. Ces deux thèmes réclament également leur solution.

Poser le problème, c'est provoquer à le résoudre; c'est faire un appel à toutes les forces jeunes, fraîches, intelligentes qui ne craignent pas le labeur, qui cherchent le succès de leur cause, qui oublient le succès de leur personne, qui aspirent aux suffrages de la postérité, qui n'aspirent pas à l'applaudissement du jour. Si j'ai osé mettre ce problème en avant, si j'ose interroger ainsi les cœurs et les esprits qui partagent mes croyances catholiques en toutes choses, je l'entreprends à la suite d'une très-longue expérience de mon temps et des hommes. Tel est le témoignage que je puis me donner sur ce point en pleine conscience.

XII.

D'UNE SOLUTION POLITIQUE DANS LES DESTINÉES EUROPÉENNES.

A part son devoir éternel, que rien ne suspend et qui brave l'échafaud, la persécution, la terreur, j'ai dit le rôle du clergé en face du siècle actuel, appuyé de tout cœur comme de toute intelligence qui se dévouent à la cause de la foi dans un but social. Je m'adresse maintenant à la société elle-même, aux individus qui la constituent

dans l'absence de la famille, de la commune, de la cité, de l'autonomie sociale ; je me tourne aussi du côté du gouvernement et de l'É-
tat, en le prenant dans toute la force et dans toute l'énergie de son
autocratie administrative.

La société peut tout dans un certain sens et ne peut rien dans un
autre. Elle peut tout en réagissant librement et progressivement sur
elle-même ; elle ne peut rien en fabriquant des constitutions et des
lois comme elle en a tant fabriqué depuis 89. A l'exception des tentatives du gouvernement représentatif dans les chartes de 1814 et de
1830, quelle est celle de ses constitutions qui ait jamais pu tenir ?
Celles qui ont vécu de 1814 à 1848 ont vécu par la vertu d'une certaine autonomie qui s'y trouvait cachée et que l'institution de l'État
administratif a empêché de croître. Elles sont tombées pour n'avoir
pu développer cette autonomie qu'elles semblaient impliquer.

On ne s'improvise pas à neuf, on ne renaît pas à volonté, on ne se
fait pas un nouvel homme par un coup de baguette. Il n'y a que le
christianisme qui puisse opérer cette merveille, au sein de la péni-
tence, pour l'homme moral et non pour l'homme politique. L'essai
de fabriquer l'homme *à priori*, dépouillé de tout passé et inventé à
neuf, n'a pas réussi aux disciples de Rousseau ; l'homme nivelé de
toute âme et de toute intelligence, devenu le point de départ de
l'homme expérimental et scientifique, n'a pas mieux réussi aux disciples de Condorcet. L'homme improvisé à rebours de ces deux systèmes, l'homme auquel on crierait : « *Lève-toi Anglais !* » « *Lève-toi
Américain !* » ou encore : « *Lève-toi chevalier !* » « *Lève-toi citoyen !* » ou encore : « *Lève-toi ancien régime !* » réussiraient-ils davantage ? Nous l'avons vu surgir à ces différents appels, et aussitôt
se rasseoir après s'être levé dans un élan. Mais si on ne refait pas plus
le passé que l'on ne réalise un idéal improvisé, on a toujours pouvoir
sur soi-même. On peut changer de mœurs, on peut corriger les lois
par les mœurs, on peut réformer la vie de famille, on peut se créer
une existence plus ou moins forte au sein de la famille, élevant ses
enfants dans cet esprit. Même dans la complète absence de l'esprit
de cité et de corporation, on peut toujours porter un secours intelligent à son semblable ; on peut se faire citoyen de fait, sinon de
droit, chacun dans sa sphère, chacun dans son département et sa pro-
vince. On peut surmonter ses dégoûts par la force de son âme ; et
sans afficher aucune prétention, on peut *agir*. Ce sont là les *bons
concerts* à l'opposé des *méchants complots*. On les a vus plus d'une
fois se renouveler dans l'histoire contre l'amortissement tenté sur
l'esprit public par l'esprit d'égoïsme, qui de l'âpreté du gain court à
la jouissance, de la jouissance à la mollesse, et ainsi s'abdique lui-
même. Comme en religion, comme en philosophie, comme dans la

science, comme dans les lettres, comme dans les arts, l'exemple peut devenir contagieux. Pour faire le bien il n'a pas fallu tous, il n'a pas fallu beaucoup, il a fallu quelques-uns. Tout cela est uniquement dans la mesure de la volonté des hommes. La *volonté*, là est le mystère.

Mais, dira-t-on, la meilleure volonté se brisera constamment contre la force de l'État; il a intérêt à tenir la société dissoute, à briser absolument l'empire des mœurs, le faisceau des volontés et des caractères.

Il y a une chose qui peut à la fois instruire et tromper les hommes : l'expérience. Ce monde social et politique est une combinaison incessante de liberté et de fatalité, car nos actions nous engagent et deviennent fatales. Il en est de même de nos pensées et de nos sentiments traduits en œuvres. Nous avons donc forcément, l'homme privé comme l'homme public, à subir des conséquences qui ne sauraient ni arbitrairement se défaire de leur temps, ni arbitrairement se défaire de leur passé. Mais la fatalité n'a qu'une certaine sphère et la liberté est toujours un principe que nous pouvons rétablir en nous par la volonté appuyée de l'*expérience*. Et pour aller droit au fait : quel est le sens politique de toute l'histoire de France, de Philippe-Auguste à l'empereur Napoléon? Il s'y est toujours agi, comme on l'a souvent observé, de parvenir à fonder et à établir la puissance abstractive de l'État aux dépens absolus de toute l'autonomie des peuples. La société n'a rien transformé dans son sein comme la Grande-Bretagne. Elle a perdu successivement toutes ses institutions allodiales et féodales, toutes ses institutions de cités et de magistratures citoyennes, toutes ses corporations industrielles. Elle s'est résolue ou dissoute en individus sans puissance en face de l'État qui agit pour la nation, se croyant et se disant la nation même. Or, ce but est radicalement atteint et à tel point que l'expérience se consomme, depuis soixante ans, dans l'instabilité radicale de toutes les institutions et de toutes les choses. La République y a succombé ainsi que l'Empire; le gouvernement représentatif y a trouvé son tombeau, et des théories utopistes de socialisme et de communisme agitent les masses. Un ministre des finances de la république de 48 était convenu de cette mince couche du sol social qui nous séparait d'un tremblement de terre, et les partisans de l'État nous le répètent encore sous toutes les formes : qu'est-ce à dire?

On nous parle d'Empire Romain et de Bas-Empire; là aussi l'État s'était radicalement substitué à l'ordre social; mais quel État et quel ordre social? Voilà ce qu'on oublie d'examiner, car devant cet examen tomberait aussitôt le reste des analogies. La Révolution singea Athènes et Rome sans y rien comprendre; l'Empire s'affubla du nom des dignités empruntées au règne des Césars, paraissant renouveler les

fonctions de l'empire romain, comme l'étiquette de cour des Dioclétien, des Constantin, des Justinien, la pompe de leurs séances législa-
tives, les grandes scènes de ces empires destinées à fasciner les yeux
des peuples. La Révolution et l'Empire ont ainsi donné lieu à toutes
ces méprises, à tous ces faux semblants d'une fausse antiquité. Je
n'ignore pas les vices de mon temps, l'absence de tout caractère privé
et de tout caractère public, la soif de l'or, l'ivresse des convoitises,
la littérature échevelée et les mauvaises mœurs. Je n'ignore non plus
aucune des tendances naturelles à tout pouvoir constitué sur la donnée de l'État moderne. Mais je sais aussi la fragilité de tous les étais
de la richesse privée et de la puissance publique en face des pro-
blèmes qui s'agitent au fond de la société même. Voici la *conclusion*
que j'ose en tirer.

L'ordre social n'est plus qu'une poussière d'individus; les riches
unissent leurs capitaux pour des intérêts communs, que l'on voudrait
grossir en vain, pour les élever à la hauteur d'œuvres exclusivement
citoyennes ; car ce n'est pas l'esprit public, c'est l'intérêt privé qui
crée ces œuvres; et on ne fera pas plus de l'esprit public avec l'intérêt privé que l'on n'est parvenu à faire de la morale avec les systèmes
utilitaires.

De son côté le gouvernement de l'État a radicalement attiré à lui
tout seul toutes les manifestations possibles de l'esprit citoyen. Il est
à lui tout seul l'esprit public de la nation; il est le citoyen exclusif,
le grand et unique citoyen, le citoyen par excellence. Autour de lui
disparaissent radicalement toutes les manifestations citoyennes. Sans
doute il reste à l'homme la grande cité des cieux ; il lui reste le Temple, l'Église. Il lui reste encore son droit privé, il est gouverné par
des principes d'équité qui ressortent du Code civil; c'est la plus
grande conquête, c'est la seule conquête vraiment féconde de toute la
révolution française. Elle a changé tout l'aspect de la société civile,
elle lui a communiqué une énergie qui lui est propre, l'énergie des
œuvres individuelles, énergie inconnue de l'ancien régime. C'est une
compensation, un dédommagement pour la disparition de ces ombres errantes de corporations sociales engagées à l'accomplissement
d'œuvres communes de peu d'effet; car ces ombres d'un riche passé
tremblotaient çà et là encore à la lueur du soleil de l'État, soleil ar-
dent qui s'était élevé au zénith de la puissance sous l'administration
de Louis XIV.

Voici donc les deux termes extrêmes : une démocratie radicale qui
tend à se constituer sous la forme d'une oligarchie financière et industrielle par les associations des intérêts ; un État absolu, apte à de
très-grandes entreprises en fait de travaux publics, comme à de très-
grandes entreprises en fait de conquêtes étrangères ; *mais après?*

D'abord, en supposant la marche progressive et le développement parallèle de ces deux puissances extrêmes, il y aurait infailliblement un choc entre la masse des intérêts privés, agglomérés en capitaux énormes entre les mains de quelques-uns, et les besoins croissants de l'État, obligé à agir toujours, à agir à l'extrême, à pousser les travaux publics à une grandeur inconnue ; à agir, d'autre part, dans une sphère d'ordre politique de plus en plus étendue, à l'agrandir, non pas dans l'ordre des conquêtes matérielles (elles ont *fatalement* des bornes), mais dans l'ordre des influences dominatrices, des grandes influences politiques. Il y aurait ensuite un autre choc tout aussi infaillible, un choc entre les grandes puissances rivales sur terre et sur mer, et ces puissances entraîneraient fatalement le reste des gouvernements et des peuples ; elles leur imposeraient une vassalité *de fait*, je ne dis pas de nom, je ne dis pas de droit. Si, dans un temps donné, les principes gouvernementaux et sociaux qui régissent l'Europe continentale vont ainsi en s'agrandissant par la fatalité des choses, voici ce qui en résulterait. La France et la Russie se culbuteraient sur le continent ; la France et la Grande-Bretagne se feraient face sur tous les océans, dialogueraient à coups de canon sur toutes les mers méditerranées, et cela par la seule force des choses. Leurs intérêts s'entre-choqueraient plus ou moins fatalement sur tous les points du globe.

Je parle toujours dans la supposition, notez bien ceci, que l'on marchera toujours sur le continent dans la direction du penchant de la société, dans la direction de la constitution du gouvernement. Cette supposition, je le sais bien, c'est un extrême ; mais cet extrême peut devenir une fatalité, il peut devenir plus fort que les désirs de la société, que les volontés des gouvernements, il peut les lancer dans l'espace avec la rapidité et la force de la vapeur ; car que faisons-nous depuis soixante ans de révolutions sociales ? Nous marchons à coups de foudre.

A part les extrêmes, à part les penchants, il y a l'inépuisable fonds de la vraie civilisation chrétienne, qui est toute d'équité sociale et politique ; il y a le monde de la conscience qui ne s'endort pas au bruit des machines.

On peut être sûr d'une chose en tout ceci ; on peut en être sûr en vertu de cette civilisation même, en vertu de cette puissance qui aura son droit, qui aura son équilibre moral, social et intellectuel à revendiquer, et cela au milieu de l'immense ascendant de la pompe pneumatique qui nous enlève. On peut être sûr que les deux puissances extrêmes finiront par s'arrêter en un point nommé, qu'elles se troubleront au cri des avertissements de la conscience publique, aux exigences et aux réclames de tout l'ordre de la civilisation morale et intellectuelle. Elles ne voudront pas périr en aveugles dans les solutions du socialisme et du communisme qui sont au bout de leurs entreprises ; elles ne voudront pas, elles ne pourront pas rejouer à l'infini le rôle de Rome et de Carthage, le jeu de l'empire romain et de l'empire macédonien ; car c'est un jeu définitivement impossible, devenu tel par suite du plus grand des changements, de celui d'entre tous qui a seul décidé des destinées du monde ; car c'est un changement qui n'a pas créé une nouvelle terre, mais qui a créé un nouvel homme.

Là serait le terme, en supposant que les choses marchassent d'une façon aveugle. Mais les avertissements grondent de loin ; ne pouvant manquer d'éclater de toute part, il est plus que probable, il est quasi-certain que l'on s'arrêtera des deux côtés, qu'il y aura tôt ou tard de grandes transactions sociales, et que ces transactions seront déterminées par la force des destinées morales et intellectuelles de l'espèce humaine.

La question soulevée par la Révolution française et posée par l'Empire napoléonien a cessé d'être la question de la Révolution et de l'Empire ; on ne pourra jamais plus la ramener dans ces limites ; on ne pourra jamais plus refaire sérieusement le passé d'hier, pas plus qu'on ne pourra jamais plus refaire sérieusement le passé de l'ancien régime. Il ne s'agit plus de la Révolution et de l'Empire ; de fait il s'agit du *monde*. La position de l'Europe est devenue excentrique en face de celle du monde. Nous touchons jusqu'aux coins les plus reculés de la terre, nous abordons pour ainsi dire jusqu'aux antres des sauvages. Nous marchons à la conquête du monde. Les capitaux ne sont plus que les instruments de cette conquête, ils n'en sont pas les moteurs ; la force des armes n'est plus que le bras qui exécute, il n'est plus la volonté qui détermine. Nos destinées sont, en dernière instance, sociales, morales et intellectuelles ; elles ne sont pas, elles ne sauraient être avant tout exclusivement matérielles et industrielles.

Extrait du CORRESPONDANT. — Février 1856.

Imprimerie de BEAU, à Saint-Germain-en-Laye, rue de Paris, 80.